PETER SPANGENBERG
Senfkorn Perle Schatz und Schaf

Peter Spangenberg

Senfkorn Perle Schatz und Schaf

Die Gleichnisse Jesu
übertragen und gedeutet

AGENTUR DES RAUHEN HAUSES HAMBURG

© Agentur des Rauhen Hauses Hamburg 2002
Gesetzt aus der Caslon 540
bei Gestaltung + Verlags-Service, Rosengarten
Lithografiert bei connected 2000 GmbH, Hamburg
Umschlagabbildung: Claudia Krug
© Bildarchiv Rodrun/Krug
Die Schreibweise entspricht den Regeln
der neuen Rechtschreibung.
Druck und Bindung: Clausen & Bosse, Leck
Der Umwelt zuliebe gedruckt auf
chlorfrei gebleichtem Papier.
ISBN 3 7600 1614-6
Best.-Nr. 1 1614-6

Für Grete Spangenberg

INHALT

Eine Fundgrube – *Vorwort*   11
Mit dem Herzen verstehen –
Jesus über seine Gleichnisse   14
Helles Licht in der Dunkelheit –
Das Gleichnis vom Auge   16
Tiefe Fundamente –
Das Haus auf dem Felsen   18
Wie Kinder unter freiem Himmel –
Spielende Kinder   20
Vergebung zur Freiheit –
Die zwei Schuldner   22
Leben aus Gottes Hand –
Das Gleichnis vom Sämann   26
Anfang und Erfüllung –
Der geduldige Landmann   31
Am Ende fällt die Entscheidung –
Unkraut unter dem Weizen   33
Wirken und Werden –
Senfkorn und Sauerteig   37
Freude und Erfüllung – *Schatz und Perle*   39
Am Ende aller Zeit – *Das Fischernetz*   41
Altes und Neues – *Der Hausvater*   43

Wie die Kinder –
Das verlorene Schaf 45
Vergebung und Gerechtigkeit –
Vom Schalksknecht 49
Wer ist denn mein Nächster? –
Der barmherzige Samariter 53
Gott sprach: Du Dummkopf –
Der reiche Kornbauer 58
Klärt euer Leben vor Gott –
Der unfruchtbare Feigenbaum 61
Menschen aus allen Himmelsrichtungen –
Verschlossene Türen 65
Bleibendes Echo in der Ewigkeit –
Obere Plätze 69
Falsche Entschuldigungen –
Das große Abendmahl 73
Entscheidung zur Nachfolge –
Turm und Kriegszug 77
Freude über einen kleinen Menschen –
Verlorenes Schaf, verlorener Groschen 80
Der unverlierbare Vater –
Der verlorene Sohn 84
Da war einmal ein reicher Mensch –
Vom ungerechten Haushalter 92
Abstand und Nähe zu Gott –
Reicher Mann und armer Lazarus 96

Kleine bescheidene Menschen –
Vom dienenden Knecht 100
Glaube und Gebet –
Der ungerechte Richter 102
Hochmut und Demut beim Beten –
Pharisäer und Zöllner 105
Die Ersten wie die Letzten –
Die Arbeiter im Weinberg 109
Etwas aus dem Leben machen –
Die anvertrauten Gelder 113
Denn sonst hättet ihr geglaubt –
Ungleiche Söhne 117
Ein Wunder vor unseren Augen –
Die bösen Weingärtner 120
Bis Gottes Wille erfüllt ist –
Grüner Feigenbaum 124
Gott kommt überraschend –
Wie ein Dieb in der Nacht 126
Höchstes Lob für treuen Dienst –
Guter und böser Knecht 128
Ihr wisst nicht, wann es so weit ist –
Von den zehn Jungfrauen 131
Die kleinen Geschwister –
Schafe und Böcke 135
Heilung der Seele –
Das Abendmahl 139

Eine Fundgrube

Vorwort

Wir leben mit Bildern. Fast überschwemmen sie uns. Aber diese Überflutung ist gefährlich, weil die Bilder sich selbstständig machen und nicht mehr auf das verweisen, was gemeint ist. Bilder werden immer mehr für die Sache selbst gehalten.

In der Werbung merkt man das am stärksten. Die ursprüngliche Bedeutung und Kraft eines Bildwortes, eines Gleichnisses, einer Allegorie oder einer Gleichnishandlung erkennen wir am besten, wenn wir Kindern einen Sachverhalt erklären wollen. Papa, was ist Strom? Wieso brennt die Lampe? Mit dem Strom ist es wie mit einem Fluss: Er hat eine Quelle, er fließt durch sein Bett, und er hat eine Mündung. Genauso fließt der elektrische Strom durch Leitungen, bis er am Herd oder in einer Glühlampe zu seiner Mündung kommt.

So kann man die schwierigsten Sachen im Gleichnis erklären.

Dass Jesus so gern in Gleichnissen sprach, ist kein Wunder: Die Bildgeschichten und Vergleiche konnten am besten die Fragen der Jünger oder der Pharisäer erklären.

Es ging um die schwierigen Lebensfragen: um Glaube und Hoffnung, um Zeit und Ewigkeit, um Sinn und Gerechtigkeit, um Schuld und Vergebung, um Versagen und Nächstenliebe und stets um das Reich Gottes, um sein Hoheitsgebiet, seine Liebe, seine Gnade, seine Gerechtigkeit. Es ging um Nachfolge, um Tod und Leben, um Konsequenz und Kleinglaube. Es ging ihm um Gottesbeziehung und Weltverhältnis.

Jesus nimmt seinen Erzähl- und Vergleichsstoff aus dem Alltag, aus der Landwirtschaft, aus der Geldwirtschaft, aus der Politik und aus der Hauswirtschaft. Diese Vergleiche verstand jeder. Dabei ist es unerheblich, ob ein Gleichnis in seiner Pointe verstanden sein will oder eine Allegorie in ihren Einzelzügen, ob ein Bildwort zur schnellen Erkenntnis hilft oder eine Gleichnishandlung als Impuls gilt.

Faszinierend, wie Jesus die Lebens- und Glaubensfragen seiner Freunde und seiner Gegner aufnimmt, um sie durch Gleichnisse zur Klärung und Lösung zu bringen. Die Gleichnisse Jesu sind literarisch ganz große Weltliteratur. Theologisch sind sie ganz große katechetische Beispiele, seelsorgerlich sind sie freiheitsspendende und erlösende Modelle, und historisch sind sie nahezu Originalton Jesus, aufgefangen in der redaktionellen Verarbeitung der Evangelisten.

Die Gleichnisse Jesu sind eine Fundgrube für Glaube und Hoffnung und Liebe und eine einzige Ermutigung zur Nachfolge.

Mit dem Herzen verstehen

Jesus über seine Gleichnisse

Seine Freunde fragten ihn: Warum sprichst du zu den Leuten so gern in Gleichnissen?

Er antwortete: Durch mich seid ihr tief in die Geheimnisse der Friedenswelt Gottes eingeweiht. Das sind die anderen Menschen aber noch nicht. Wer diese Einsicht hat, wird noch mehr erleben bis in die Vollendung hinein. Wer aber keine Einsicht sucht, dem wird das Wenige auch noch genommen, über das er vielleicht verfügte.

Deshalb spreche ich in Gleichnissen:

Die Menschen haben zwar Augen, aber sie nehmen nicht wahr; sie haben zwar Ohren, aber sie vernehmen nicht die Wahrheit. Das hat der große Prophet Jesaja schon gesagt: Ihr werdet hören, aber nicht verstehen, ihr werdet sehen, aber nicht erkennen. Euer Herz ist verschlossen, deshalb sind eure Ohren fast taub, und eure Augen schlafen ein, weil ihr nicht mit eurem Herzen verstehen wollt, um euer

Leben zu verändern und meine Hilfe anzunehmen.

Matthäus 13,10-15; Markus 4,10-12; Lukas 8,9-10

Wahrheit ist Gott, und Gott ist Wahrheit. Unsere Sinne reichen nicht aus. Das Fassungsvermögen des Geschöpfs ist immer kleiner als sein Schöpfer. Der Glaube weiht uns in diese Erkenntnis ein. In der Gestalt Christi strahlt die Wahrheit, in ihr spiegelt sich Gott. Das ist nichts für Augen und Ohren, aber alles für Herz und Seele. Mit dem Herzen verstehen – und die Friedenswelt Gottes öffnet sich. Das Leben wird sich verändern, vertiefen und erfüllen.

Helles Licht in der Dunkelheit

Das Gleichnis vom Auge

Das Auge ist für den Menschen wie eine Öllampe: Ist das Auge hell und klar, dann ist der ganze Mensch hell und klar. Hat ein Mensch aber finstere Augen, dann ist er auch innerlich finster. Seht zu, dass die innere Lichtquelle nicht verlischt. Denn wenn es in dir dunkel wird, gibt es nur noch schwarze Schatten. Strahlst du jedoch innerlich, dann wirst du als Mensch strahlen wie helles Licht in der Dunkelheit.

Matthäus 6,22-23; Lukas 11,34-36

Wahrheit, Liebe, Hoffnung, Glaube: Geschenke Gottes, die im Menschen zu Licht werden. Eine Öllampe kann nur leuchten, wenn sie Öl hat. Ein Mensch kann nur strahlen, wenn er Liebe hat. So werden die Augen zum Spiegel der Seele. Das trifft man nur bei Menschen an, die sich entzünden und begeistern lassen. Dunkelheit und Hass trifft man umgekehrt bei den Menschen an, die sich der Liebe verschließen. – „Seht zu, dass die innere Lichtquelle nicht verlischt!" – Es kostet also schon Arbeit und Aufmerksamkeit, dass der offene Glaube und die strahlende Liebe nicht verkommen und ins Gegenteil umschlagen. Liebende Menschen bedeuten Orientierung, Hilfe, Wärme und Frieden.

TIEFE FUNDAMENTE

Das Haus auf dem Felsen

Wer die Bergpredigt hört, aufnimmt, um nach ihr zu leben, der gleicht einem Menschen, der für seinen Hausbau felsigen Grund wählte und die Fundamente tief legte. Als dann sintflutartige Regengüsse herabstürzten, verbunden mit orkanartigen Böen, konnte das Unwetter dem Haus nichts anhaben. Wer dagegen die Bergpredigt liest, hört, ohne nach ihr zu leben, der gleicht einem Menschen, der sein Haus ohne festen Grund und ohne Fundamente baute. Wasser und Wind hatten da leichte Arbeit.

Matthäus 7,24-27; Lukas 6,47-49

Fundament? Ja! Fundamentalismus? Nein! Es ist das Wesen eines Fundaments, dass es nicht zu sehen ist und doch alles trägt. Es ist das Wesen des Fundamentalismus, dass er überall zu sehen ist und alles zerschlägt.

Die Bergpredigt ist das Credo Christi, sein Glaubensbekenntnis, das ganze Evangelium in einer Nussschale. Von Seligpreisung über Geldfragen, Vaterunser und Sinn des Menschen, von der Bedeutung der Gebote und der Kraft der Liebe, von Feindesliebe bis Nachfolge: Alles wird zum Fundament für das Leben des Christen. Was da im Gleichnis Sturm und Wetter heißt, sind die Stürme der Zeit, der Verführungen, der Bestechungen, der Schrecklichkeiten und Hassorgien.

Der Bergprediger bietet ein Leben in Geborgenheit, obwohl es den Stürmen des Lebens ausgesetzt bleibt.

WIE KINDER UNTER FREIEM HIMMEL

Spielende Kinder

Wer Ohren hat, der mache sie sperrangelweit auf! Womit ist diese Art Menschen, die sich nicht entscheiden können, zu vergleichen? Mit spielenden Kindern unter freiem Himmel. Die eine Gruppe spielt Hochzeit, mit Braut und Bräutigam, mit Verkleiden, mit Gefolge, mit Gesang und Tanz. Fröhlich geht es zu. Die andere Gruppe spielt Beerdigung, in dunkler Verkleidung. Mit Seufzen und Schluchzen, wie Kinder es eben können. Traurig geht es zu. Aber die Gruppen spielen nicht miteinander.

So erläutert Jesus das Verhalten der Menschen gegenüber ihm und Johannes dem Täufer. Beide ernten nur Spott und Ablehnung.

Matthäus 11,15-19; Lukas 7,31-35

Man hielt Johannes den Täufer für besessen, und von Jesus sagte man, er sei ein Fresser und Weinsäufer. Derbe Kritik also, die er mit spielenden Kindern vergleicht, die sich nicht entscheiden können und gegenseitig zu Spielverderbern werden.

Die Welt – ein großes Spiel? Die Menschen – entscheidungsunwillig? Die Einladung eines Johannes steht heute noch: Ändert eure Gesinnung! Seine Kritik am Machtmissbrauch und Lotterleben steht auch noch. Und die große Einladung Jesu zum sinnvollen Leben, zu Nachfolge und Frieden mit Gott und untereinander, seine Einladung zu Taufe und Abendmahl, zu Glaube und Gewissen steht auch noch. Aber die Menschheit verspielt den Augenblick.

Vergebung zur Freiheit

Die zwei Schuldner

Unserem Gleichnis geht eine Szene voraus: Jesus nimmt die Einladung eines Pharisäers zum Essen an. Zu jener Zeit und in jener Gegend war es Sitte, auf Teppichen bei Tisch fast zu liegen. So wiesen die Füße nach außen.

Eine stadtbekannte Sünderin, die ein liederliches Leben führte, erfährt davon, dass Jesus beim Pharisäer zu Gast ist. Da begibt sich die Sünderin in das Haus des moralischen Ordnungshüters und sucht die Nähe Jesu. Sie weint bitterlich, ihre Tränen tropfen auf seine Füße, mit ihren langen offenen Haaren trocknet sie sie wieder und salbt sie mit kostbarem Öl.

Der Pharisäer reagiert sofort und typisch: „Sollte der dort ein Prophet sein, dann müsste er die Frau doch durchschaut haben und wissen, dass sie eine große Sünderin ist."

Da erzählt Jesus dem Pharisäer Simon dieses Gleichnis: Ein Geldverleiher hatte einst zwei Menschen Geld geliehen: dem einen 500 Dinare und dem anderen 50. Beide konnten es ihm aus Gründen der Not nicht zurückzahlen. Da erließ er beiden großzügig die Schulden. Was meinst du: Wer von beiden wird den großzügigen Gönner am meisten schätzen? – Der Pharisäer sagte: Natürlich der, dem am meisten erlassen wurde. – Richtig, sagte Jesus, wandte sich der Frau zu, sprach aber zu Simon: Du hast mir bei meiner Ankunft nicht einmal Wasser angeboten, um meine Füße vom Staub der Straße zu reinigen. Diese Frau aber hat über meinen Füßen geweint und ihre Tränen mit den Haaren abgewischt. Du hast mir keinen Willkommenskuss gegeben; diese Frau aber hat meine Füße geküsst. Du hast meine Stirn nicht mit kostbarem Öl benetzt; diese Frau aber hat meine Füße gesalbt. Begreifst du: Ihr ist ihre große Schuld vergeben, denn sie hat große Reue und Dankbarkeit gezeigt. Zur Frau sagte er: Dir ist deine Schuld vergeben. Dein Glaube hat dir geholfen. Gehe in Frieden. – Die Menschen im Raum wunderten sich: Wer ist das, dass er Schuld vergibt?

Lukas 7,36-50; Johannes 12,1-8

Jesus kannte offenbar keine gesellschaftlichen Grenzen. Zu Gast bei einem Pharisäer? Eigentlich undenkbar, weil von dieser hoch gestellten und hoch gebildeten Schicht die größte Gefahr für ihn ausging, was sich später auch erweisen sollte.

Die Szene: Eine Frau kommt herein, wahrscheinlich bildhübsch, aber eben verrufen und stadtbekannt als Hure. Wer weiß, wie viele Männer im Raum in dem Augenblick fürchteten, von der Frau erkannt und entlarvt zu werden? Sie aber sucht die Nähe Jesu. Als der Pharisäer dies scharf moniert und den Moralapostel spielt, erzählt Jesus das Gleichnis. Grob gesagt: Die Frau hatte die zehnfache Schuld eines normalen Menschen auf sich geladen, weil sie ihr eigenes Leben und das anderer verdarb. Aber selbst der Pharisäer muss zugeben, dass die Vergebung der großen Schuld auch große Dankbarkeit hervorruft. Die Vorwürfe Jesu muss er schlucken. Der seltsame Gast, den der Pharisäer eben noch als Propheten bezeichnet hatte, entlässt die Frau in die Vergebung, in den Glauben und in den Frieden. Das Gleichnis fordert allerdings nicht zu möglichst großer Schuld auf, um möglichst große Vergebung zu erringen. Reue und Dankbarkeit sind die beiden Schlüsselbegriffe. In der plagenden Schuld also direkt zu Gott! Unter Tränen und auf Knien oder auch anders, aber eben direkt zu Gott. Mit Kuss und Öl oder mit Gebet und Blumen, aber eben direkt zu Gott: durch die Pharisäerhaltung hindurch, an den fragenden Blicken vorbei, aber eben direkt zu Gott! Was für eine Befreiung: Vergebung der Schuld durch Christus! Da kann man schon verstehen, dass die Pharisäer staunten.

Leben aus Gottes Hand

Das Gleichnis vom Sämann

Unzählige Menschen versammelten sich wieder einmal, als sie hörten, dass Jesus reden wollte. Er war mit seinen Freunden dazu ans Meer gegangen. Er liebte das Wasser. Es kamen immer mehr Menschen. Da bestieg er ein Boot, während all die Leute sich ans Ufer setzten, und viele standen im großen Halbrund.

„Ich erzähle euch ein Gleichnis", begann er, „aber ich verrate euch das Geheimnis nicht. Ihr müsst selbst drauf kommen."

Es war Frühjahr. Das Wetter schien gut. Ein Bauer beschloss, Korn zu säen. Er füllte den Korb mit Saatgut, band ihn sich um die Schulter, so dass er vor seinem Bauch hing, und ging auf den Acker. Mit der linken Hand hielt er den Korb fest, mit der rechten griff er hinein und warf das Korn in weitem Bogen auf das Land. Währenddessen ging er mit gleichmäßigen Schritten auf dem Acker hin und zurück. Doch da war dieser leise Wind, der ab und zu in das fliegende Korn fuhr und einige

Körner auf den Weg trug, sehr zur Freude der Spatzen, denn die kamen sofort und fraßen sie auf. Manche Körner fielen auch auf große Steine, die nur von einer dünnen Erdschicht bedeckt waren. Als die Saat später aufging, lebten diese Halme nicht lange, denn sie hatten keinen Nährboden. Ein Teil der Saat flog auch dahin, wo Disteln sich angesiedelt hatten. Die wuchsen natürlich schneller, machten sich dick und breit und erstickten das Korn unter sich.

Große Teile des Saatgutes aber fielen auf guten Boden. So hatte es der Bauer ja auch gewollt. Aus einem Körnchen auf dem guten Land wurde hundertmal so viel, manchmal etwas weniger, manchmal wenig; aber immerhin: Diese Saat wuchs und brachte Frucht.

„Nun", sagte Jesus, „wer wirklich zugehört hat, hat auch verstanden." Nach einer Denkpause half er dann den Leuten, diese Geschichte richtig zu verstehen: „Die Saat ist das Leben aus Gottes Hand und seine Liebe. Wer davon hört, aber die Botschaft nicht versteht, wird ein Opfer der bösen Kräfte. Ihm kommt das Leben völlig abhanden. Als würde alles von gefräßigen Vögeln aufgefressen. Ein anderer ist sicher glücklich über das Leben aus Gottes Hand und seine Liebe. Aber seine Wurzeln gehen nicht tief genug. In solchem Leben kann sich das Gute nicht weiter entwickeln. Der dritte Typ Mensch ist der, der sich von den Dornen und Disteln der Welt überwuchern lässt, von Betrug und Bösartigkeit und von der Sucht nach Macht und Geld. In solch einem Leben erstickt die gute Saat. Wer aber wie das gute Land ist, wer also ein offenes Herz hat, gut vorbereitet ist und dankbar das Wort Gottes aufnimmt, der macht Gott große Freude und bringt seinem eigenen Leben Erfüllung und Sinn."

Matthäus 13,1-9+18-23; Markus 4,1-9; Lukas 8,4-8

Es ist ein aufregendes Gleichnis, denn es betrifft Welt und Zeit, Mensch und Hoffnung, Jetzt und Dann, Anfang, Ende und Vollendung.

Erstaunlich, dass immer so viele Menschen zu ihm kamen, um ihn zu hören: Mundpropaganda, Fußwege, Schiffsreisen, Eselsritte: kein Vergleich mit den heutigen Medien- und Verkehrsmöglichkeiten. Von ihm ging Verschiedenes aus: Faszination, Stimmigkeit,

Identität, Glaubwürdigkeit, Autorität, Liebe, Freiheit, Vollmacht, Kraft, Bescheidenheit, Innerlichkeit, Hoffnung und Hilfe. Gott ging von ihm aus. (Das wäre eine Anfrage an Kirchen und Christen heute!)

Es liegt nicht am Sämann: Er hat entschieden, hat den richtigen Zeitpunkt und das richtige Wetter gewählt. Es liegt nicht an Gott, der seit undenklichen Zeiten die Saat des Lebens und der Hoffnung in die Welt gibt. Es liegt auch nicht am Saatgut. Es ist gut ausgewählt, entspricht den Vorstellungen des Sämanns voll und ganz. Ist damit Christus gemeint? (Vgl. Johannes 1, wo so intensiv vom Wort die Rede ist?!)

Es liegt am Boden und an den Bedingungen. Der Boden ist das Herz der Menschen, der Boden ist die ganze Welt. Weggefressen wird das Gute, weggeweht wird die Hoffnung, kurz gehalten wird die Gerechtigkeit, erstickt wird die Liebe.

Aber da gibt es auch das Gelingen und die Ermutigung. Es ist nicht der moralische Boden, sondern der menschliche, der bereite, der offene, der empfangende, der zu Erfüllung und Sinn führt. Individueller Sinn und große Hoffnung für die Welt liegen dicht beieinander und sind angelegt auf die Vollendung am Ende der Zeit. Hier bekommt der Glaube seinen Anschub, hier erhält die Liebe ihre Motivation, hier findet die Hoffnung ihren Halt, und das Leben erkennt sein Ziel.

Anfang und Erfüllung

Der geduldige Landmann

Mit Gottes Entwurf für das Leben der Menschenwelt verhält es sich so: Ein Mensch bringt Saat aus. Der Alltag geht weiter im Wechsel von Tag und Nacht, Arbeit und Schlaf. Inzwischen geht die Saat auf, ohne dass dies dem Menschen auffällt: Denn Boden und Saat tragen das Wachsen in sich, und am Ende ist die Frucht da. Wenn es so weit ist, wird geschnitten und geerntet.

Markus 4,26-29

Jesus benutzt seine kleinen Gleichnisse, um Gottes große Ziele zu erläutern. In diesen Gleichnissen benutzt er Alltagsverläufe, jedenfalls Vorgänge, die jeder seiner Zuhörer sofort verstand. In unserer urbanen Gesellschaft ist das nicht mehr so selbstverständlich, denn Menschen und vor allem Kinder in den Millionenzentren kennen bestenfalls das Wachstum von Balkonpflanzen. Dennoch ist die Pointe des Gleichnisses sofort klar: Mit seinem Sohn Jesus Christus bringt Gott gleichsam das Modell der neuen Zeit zur Welt. Die Welt geht weiter, aber leise und mitten drin entstehen die Vision und der Lebenszusammenhang des Friedens, oft unbeachtet und überschlafen, aber unaufhaltsam, bis am Ende der Zeit Gottes Werk steht.

Am Ende fällt die Entscheidung

Unkraut unter dem Weizen

Er erzählt ihnen gleich noch ein zweites Gleichnis: Mit Gottes Friedensraum verhält es sich wie mit einem Landwirt, der gute Saat auf seinem Land ausbrachte. Als die Arbeit getan war, gingen alle auf dem Hof nach dem Essen zu Bett, denn der Tag war anstrengend gewesen. Die Leute schliefen tief und merkten gar nicht, wie sich ein Feind des Bauern bei der Dunkelheit daran machte, ein nutzloses Kraut zwischen die edlen Körner zu säen. Das war ein Gras, das Lolch heißt und sich beim Wachsen kaum vom Getreide unterschieden lässt.

Als das Korn nach vielen Wochen reifte, sahen die Leute nach, wann wohl die Ernte sein könnte. Da entdeckten sie den Lolch. Sie meldeten das sofort dem Bauern und sagten: Du hast doch sicher nur gute Saat ausgebracht. Woher kommt dann dieses Unkraut? Er erwiderte: Das kann nur ein Feind heimlich bei der Nacht bewirkt haben! Sollen wir das Zeug jetzt noch kurz vor der Ernte ausreißen?, wollten sie wissen.

Nein, nein, sagte der Bauer, zu leicht könntet ihr dann zusammen mit dem Lolch auch den Weizen ausreißen. Wir warten bis zur Ernte. Das dauert noch etwas. Dann werde ich den Schnittern sagen: Sammelt zuerst das falsche Korn heraus, bündelt und verbrennt es. Danach bringen wir den Weizen dann in die Scheune.

Matthäus 13,24-30

Wenig später erklärte er das Gleichnis selbst:

„Ich bin es, der die gute Saat ausbringt. Der Acker ist die Welt. Das gute Korn sind die Menschen, die mir nachfolgen. Das böse Kraut, der Lolch, sind die, die sich dem Bösen verschreiben. Der Feind ist der Teufel, alles was gegen Gott ist. Die Ernte ist das Ende aller Zeiten. Die Schnitter sind die Engel, Gottes gute Kräfte, und die Scheune ist Gottes große gute Ewigkeit."

Matthäus 13,36-43

Das Thema Jesu ist eigentlich immer dasselbe: Gott, sein Friedensreich und der Mensch. In diesem Gleichnis wird der Bogen weit gespannt: Gott-Mensch-Menschheit-Welt-Vollendung: Zusammenhänge, die so gar nicht in das PC-Zeitalter und die Internet-Gesellschaft zu passen scheinen.

Wenn Hans Küng sagt: Kein Weltfriede ohne Religionsfriede, so gehe ich mit dem Gleichnis noch einen Schritt weiter; kein Weltfriede ohne Religionsfriede, kein Religionsfriede ohne Gottesfriede.

Die gute Saat ist ja da, der Christus Gottes hat sie gültig und endgültig ausgebracht und eingebracht. Er beantwortet damit wohl auch die Sehnsucht der meisten Menschen: Friede mit Gott und untereinander.

Was spielt sich da eigentlich im Dunkeln ab? Auf dem Acker wächst Lolch, dem Getreide zum Verwechseln ähnlich. Zwischen den Konfessionen stehen die Dogmen, dem Evangelium oft zum Verwechseln ähnlich; zwischen Menschen steht Rechthaberei, dem Recht haben oft zum Verwechseln ähnlich; zwischen Menschen und Staaten steht der Egoismus, der Nächstenliebe oft zum Verwechseln ähnlich; zwischen den Rassen steht oft der Hass, der Bewunderung zum Verwechseln ähnlich. – So etwas schob man früher auf den Teufel, dann auf die Evolution, heute auf Mechanismen. Die Veranlagung zu einem sinnvollen Leben, in dem Freiheit und Würde nicht abhängig sind von Macht und Geld. Mit fast stoischer Ruhe sagt Jesus: Lass doch den Lolch drin! Lebt mit dem Bösen Wand an Wand. Denn am Ende von Zeit und Welt wird genau unterschieden.

Ob der moderne Mensch noch oder wieder mit einem Ende von Zeit und Welt rechnet? Ob er die Kategorien von Entscheidung und Verantwortung überhaupt noch wahrnimmt? Jesus aus Nazareth traut es den Zeitgenossen zu. Sonst hätte er das Gleichnis nicht erzählt. In seiner eigenen Lebensgeschichte hat er der Versuchung widerstanden. In seiner Nachfolge ist also Widerstand und Zivilcourage angesagt.

WIRKEN UND WERDEN

Senfkorn und Sauerteig

Wenn Gott kommt und einen Platz bei den Menschen sucht, wo er wohnen und seine Pläne verbreiten kann, dann ist das wie mit einem Senfkorn. Das Senfkorn gehört zu den ganz kleinen Samen der Erde, winzig nur und kaum in der Hand zu halten. Wenn dann ein Mensch dieses Körnchen in die Erde legt, wächst daraus ein großer Baum, der fast alles überragt, den Menschen Schatten und Schutz und vielen Tieren ein Zuhause spendet.

Oder anders: Gottes Anfänge wirken so klein, so hoffnungslos. Aber mit Gottes Friedenswelt ist es wie mit dem Sauerteig. Wenn eine Hausfrau oder ein Bäcker 200 Gramm Sauerteig mit Wasser, Salz und einem guten Kilogramm Mischmehl vermengt und warten kann, bis der Sauerteig alles durchzogen hat, dann wird schließlich daraus ein großes Brot. Es kommt also auf das Wirken und Werden an.

Matthäus 13,31-33; Markus 4,30-32; Lukas 13,18-21

Meint er wieder einmal sich selbst?
Gott im kleinen Kind von Bethlehem.
Gott im kleinen Stall.
Gott im kleinen Dorf.
Gott im Zeichen des Wassers bei der Taufe.
Gott in Brot und Kelch beim Abendmahl.
Gott in den Kindern der Welt.
Gott zum Zweifeln klein.
Gott zum Verzweifeln klein.
Gott im armen Wanderprediger.
Gott im kleinen Wort.
Der Gott der kleinen Anfänge. Welch ein Gegensatz zu den Paukenschlägen der Menschen, zu den roten Teppichen und Ehrenformationen, zu den Schlangen schwerer Limousinen. Gott im kleinen Eselreiter auf dem Weg nach Jerusalem. Aber im Anfang liegt die große Vollendung. Im kleinen Gebet liegt der große Glaube. Im kleinen Herzen eines kleinen Menschen wächst Gottes große Zeit heran. So sucht Gott Wohnung bei seinen Menschen.

Freude und Erfüllung

Schatz und Perle

Gottes Friedensgeschenk ist einem Schatz vergleichbar, der im Gelände versteckt ist und plötzlich und unerwartet von einem Menschen gefunden wird.

Aus unbändiger Freude beschließt dieser Mensch, seinen gesamten Besitz zu veräußern, um das Stück Land mit dem Schatz erwerben zu können.

Oder anders: Es war einmal ein Händler, ein Kaufmann, der immer unterwegs war auf der Suche nach kostbaren Perlen. Eines Tages fand er eine Perle, die alles Bisherige übertraf. Da verkaufte er alles, was er besaß, nur um diese eine Perle erwerben zu können.

Genauso ist es bei der Entdeckung von Gottes Wahrheit.

Matthäus 13,44-46

Es ist ein kostbarer Augenblick, wenn Menschen sich verlieben. Es ist ein Augenblick tiefster Erschütterung und größten Glücks. Vom selben Augenblick an wachsen Vertrauen und Sehnsucht, Heimlichkeit und Bekennerfreude. Die Menschen suchen dann die gemeinsame Zeit, den gemeinsamen Ort, Geborgenheit und Austausch. Ihr Leben verändert sich von Grund auf.

Schatz und Perle sind Schlüsselworte in den Gleichnissen, die diesen heiligen Augenblick markieren: Erschütterung und Glück: Ich habe Gott gefunden. Ich habe mich in Gott verliebt. Vertrauen und Sehnsucht wachsen, Heimlichkeit und Bekennerfreude. Dabei geschieht das Finden von Schatz und Perle gewissermaßen nebenbei, mehr zufällig, ohne Planung, ohne Anstrengung, aber eben von Menschen, die schon immer das Wertvolle suchten, die Werte, den Sinn. Sie entdecken das versteckte Geschenk, und vom selben Augenblick an verändern sie ihr Leben. Wie neu geboren gehen sie daraus hervor. Die Prioritäten ändern sich. Die Auswirkungen werden sich zeigen, aber sie finden im Alltag statt und finden ihr Echo in der Ewigkeit.

AM ENDE ALLER ZEIT

Das Fischernetz

Man kann Gottes Friedenszeit mit einem Fangnetz vergleichen, das von Fischern ausgeworfen wurde und viel Unterschiedliches einfing: Totes und Lebendiges, Unnützes und Nützliches, Unbrauchbares und Brauchbares.

Als sie das Netz an Land gezogen hatten, sortierten sie das Gute und Schlechte auseinander. Das Gute wurde aufbewahrt, das Schlechte weggeworfen.

So wird es am Ende aller Zeit sein: Gottes Engel, seine guten Wahrheitskräfte, werden die Wahrhaftigen von den Verlogenen absondern. Die Verlogenen werden tiefes Entsetzen erleben in unerträglicher Gottesferne.

Matthäus 13,47-50

Zu Beginn einer Schwangerschaft sieht die Mutter bereits den Tag der Geburt und das fertige Menschenkind vor Augen. Ein Bauer sieht im Samenkorn bereits das gesamte

Wachstum, die Ernte, das Mehl und das Brot. Der Glaube sieht im kleinen Anfang bereits die Vollendung. Das ist neutestamentliches Geschichtsdenken, das auch Eschatologie genannt wird: Vom Ende der Zeit und ihrer Vollendung fällt das Licht auf Gegenwart und Zukunft, macht hell, was gut ist, und dunkel, was böse ist. Für Heutige ist es eine schwere Vorstellung, dass am Ende der Zeit Klarheit geschaffen wird, und zwar nicht im Stil eines gigantischen Vergeltungsprozesses, sondern in der Art klärender Entlarvung. Jesus will mit diesem Glauben nicht Angst verbreiten, sondern Entscheidung provozieren und Mut machen.

Die Fragen bleiben allerdings unbequem: Was ist im Sinne Gottes nützlich oder nutzlos, tot oder lebendig? Doch es wäre kein Gleichnis, wenn er die Schlussfolgerungen den Hörern nicht selbst überließe. Daran hat sich auch für heutige Hörer und Leser nichts geändert. Es läuft auf die Frage hinaus: Wer ist in mir, in der Gemeinschaft, in Kirche und Politik, in Gesellschaft und Welt wahrhaftig oder verlogen? Spieglein, Spieglein an der Wand...

ALTES UND NEUES

Der Hausvater

Zwischendurch wollte er von seinen Zuhörern wissen, ob sie seine Gleichnisse auch richtig verstünden? Sie antworteten: Ja!

Da sagte er: Jeder Mensch, der sich aus seinen Verhärtungen und Erstarrungen befreien lässt, weil er Gottes Friedensziel erkannt hat, ist wie ein Familienvater, der aus seiner Erfahrung Altes und Neues miteinander verbindet.

Matthäus 13,51-52

Heute würden wir nicht nur vom Familienvater reden. Dazu gibt es viel zu viele Alleinerziehende. Wir würden auch nicht nur an Familie denken, sondern auch an Arbeitsgemeinschaften, sachgebundene Teams, an bleibende Freundschaften, an Kirchen und Religionen: In allen Lebensbereichen gibt es Verhärtungen und Erstarrungen, auch in Schule und Militär, Wirtschaft und Sport. Alles, was erstarrt, wird gefährlich: Einsichten,

Erfahrungen, Kenntnisse, Erkenntnisse, Bekenntnisse, Sitten, Traditionen, Dogmen, Programme, Liturgien, Methoden, Verhaltensweisen, und im Augenblick der Erstarrung wächst der Alleinvertretungsanspruch, das Machtgehabe, die Drohung und Bedrohung. Jesus ist nicht der Meinung, man müsse mit der Zeit gehen, um beweglich zu bleiben. Er ist der Meinung, dass sich alles an Gottes Friedensziel prüfen lassen muss. Das macht Mühe. Aber dann kann es zu einer gesunden Verbindung von Altem und Neuem kommen. Hieraus könnte für die Welt eine Ethik der Geschwisterschaft erwachsen. Aber Befreiungsvorgänge sind schmerzhaft. Deshalb weichen auch so viele Menschen dem aus.

WIE DIE KINDER

Das verlorene Schaf

Typisch erwachsen: Seine Freunde hatten ihn gefragt, wer bei Gott ganz oben an stünde. Da hat er ein Kind zu sich herangewinkt und mitten in den Kreis seiner Freunde gestellt. Gleichnishaft sagt er: Wenn ihr euch nicht radikal besinnt und die Kleinheit, das Staunen und die Dankbarkeit eines Kindes begreift, werdet ihr nie in Gottes Nähe kommen.

Wer dann in seiner vermeintlichen Größe wieder zum Kind wird, der findet zur eigentlichen Größe vor Gott. Mehr noch: Wer ein solches Kind in sein Herz schließt und dies für mich tut, der schließt mich in sein Herz. Passt auf, dass ihr keins dieser Kleinen vernachlässigt. Denn das sage ich euch: Gott hat immer ein Auge auf sie. Wie steht ihr dazu: Wenn jemand hundert Schafe hätte und eins von ihnen würde sich verirren, würde er nicht die 99 sich selbst überlassen und das eine verirrte suchen? Wenn er es dann gefunden hat, wird seine Freude dann nicht größer sein als über die, die sich nicht verlaufen haben? Deshalb ist es auch für Gott ganz klar, dass keins der Kleinen verloren gehen darf.

Matthäus 18,1-5,10-14; Lukas 15,3-7

Die Jünger stellen also die Schneewittchenfrage: Wer ist der Bedeutendste vor Gott? Jesus nimmt ein Kind als Modell für die Antwort: Kleinheit, Staunen und Dankbarkeit sind die Elemente des menschlichen Menschen in seiner Beziehung zu Gott. Kinder ins Herz schließen heißt Gott in seinem Christus ins Herz schließen.

Solche Haltung setzt aber eine radikale Umkehr voraus; denn gerade der Mensch unserer postindustriellen Welt zeigt wenig Kindliches, zeigt wenig Staunen und noch weniger Dankbarkeit. Im Gegenteil: Er erzieht sein Kind zum frühreifen Erwachsenen, indem er ihm eine Kindlichkeit aberzieht. Auf diese Weise geht Wesentliches verloren: Bedeutung und Sinn, Hoffnung und Ziel, Zeit und Zukunft, das Ich des Menschen und wohl auch Gott.

Jene, die Gott inzwischen vergaßen, vergaßen inzwischen, dass sie ihn vergaßen. Verlorene Inhalte, verlorener Glaube, verlorene Wahrheit, verlorene Hoffnung, verlorene Menschen.

Ihnen gilt das Gleichnis, das Jesus hier erzählt vom Hirten und seinen 100 Schafen. Er schildert seinen Zuhörern die unbändige, ja leidenschaftliche Freude Gottes über das Finden eines Verlorenen. Kindlich gesagt: Es wirkt, als sende Gott seine Suchtruppe aus, um verlorene Menschen, verlorene Seelen und verlorene Hoffnung zu finden. Heute würde man das Gleichnis nicht mehr mit einem Hirten erzählen, sondern vielleicht mit einer Kindergärtnerin. Wie dem auch sei: Es geht um die Freude, das Eine, das Kleine, das Verlorene wieder zu finden.

Jesus geht noch weiter: Keins darf verloren gehen.

Damit umschreibt er seinen eigenen Auftrag. Es liegt auch Härte drin: Wie der Hirte seine Herde während der Suche eine Zeit lang allein lässt, so lässt Gott möglicherweise seine Gemeinde eine Zeit lang allein, während er mit der Menschensuche beschäftigt ist. Das Gleichnis macht jedenfalls deutlich: Gott geht dem verlorenen Menschen nach. Gottes suchende Liebe stöbert den verlorenen Menschen auf. Gottes Freude ist riesig. Nur bleibt da ein nicht unerheblicher Unterschied zu den Schafen: Lässt der Mensch sich finden? Will er überhaupt aufgestöbert werden?

Vergebung und Gerechtigkeit

Vom Schalksknecht

Man kann Gottes Friedensreich mit einem König vergleichen, der von seinen hohen Beamten Rechenschaft forderte. Unter diesen war einer, der dem König eine ungeheure Summe schuldete. Er konnte aber nicht zahlen. Da befahl der König, diesen Beamten samt Familie und Besitz zu verkaufen. Dann würde die nötige Summe eingetrieben werden können.

Da warf sich der Beamte vor seinem König auf den Boden, weinte und klagte, bat um Stundung und Geduld. Er brauche nur etwas Zeit. Der König war beeindruckt von so viel Demut und Reue. Er erließ dem Beamten alle Schuld und vergab ihm sein Vergehen.

Draußen traf dieser Mann einen seiner Kollegen, der ihm ein paar hundert Mark schuldete. Den packte er am Rockaufschlag, zog ihn näher, bedrohte ihn mit Gewalt und schrie: „Zahl deine Schulden zurück!" Da fiel der andere vor ihm auf die Knie und bat: „Gib mir bitte etwas Zeit, damit ich dir die Schulden zurückzahlen kann."

Doch er stieß auf taube Ohren und eine harte Seele. Der Beamte ließ seinen Kollegen verhaften. Der kam ins Gefängnis.

Die anderen hörten davon und waren bestürzt über das Unrecht. Sie berichteten dem König davon. Der ließ jenen Beamten zu sich kommen. „Du gewissenloser Lump!", herrschte er ihn an. „Ich habe dir alles erlassen und vergeben, als du mich anflehtest. Hättest du da nicht dasselbe Mitgefühl mit deinem Kollegen haben müssen, wie du es bei mir erlebt hast?"

Aus Zorn ließ der König den Mann schwer bestrafen.

Genauso wird es Menschen ergehen, die das Geschenk der Liebe Gottes anderen Menschen verweigern.

Matthäus 18,23-35

Das Gleichnis hat einen doppelten Boden. Oder auch: Es wirkt wie eine russische Puppe. Äußerlich spricht es vom Gesetz der Welt, von Vertrauen und Vertrauensmissbrauch, vom harten Handeln an Untergebenen, von Ausbeutung und Unterdrückung, von Veruntreuung und Gewissenlosigkeit, von Folter und Gefängnis, von Abhängigkeit und Qual, von Hilflosigkeit und Hoffnung. Und das Gleichnis spricht von einem König, einem Chef, einem Vorgesetzten, einem Oberhaupt, das sein Vertrauen in unvorstellbarer Großzügigkeit verschenkt und spendet, aber um die Erwiderung betrogen wird, weil sein hoher Beamter, sein leitender Angestellter, das Geschenk des Vertrauens nicht weiter verschenkt.

Innerlich aber spricht das Gleichnis von Gott, dem Herrn der Welt und des Lebens, der in unvorstellbarer Großzügigkeit und in maßlosem Vertrauen dem Menschen das Leben und die Welt anvertraut. Da gibt es Menschen, die große Schuld auf sich geladen haben. Gott in seiner Güte vergibt ihnen. Das ist ein wunderbarer Gott, der den Menschen mit Gnade überschüttet. Aber der Mensch dankt es ihm nicht. Er gibt die überwältigende Liebe nicht weiter. Er erstarrt in Härte und Egoismus. Er nimmt seine Mitmenschen gefangen. Er setzt sie unter Druck, er übt Rache und Vergeltung. Homo homini lupus: Der

Mensch wird für den anderen zum Wolf. Oder wie Grillparzer sagt: Humanität ohne Divinität ist Bestialität: Der Mensch ohne Gott wird zum Raubtier.

Gott straft. Das ist ein unmoderner Gedanke. Wer rechnet schon damit? Wem macht die Gottesferne schon zu schaffen? Wer ist einsichtig? Das betrifft nicht nur die Klimadiskussion im Großen oder das Thema Tretminen oder das Welthungerproblem, das betrifft eben auch den Einzelnen in seiner Situation und Haltung.

Jede Unmenschlichkeit, jede Unversöhnlichkeit, jede Schuld und jede böse Tat trägt ihre Folge in sich. Das nannte man früher Strafe. Sagen wir es so: Gott hat es so angelegt.

Wer ist denn mein Nächster?

Der barmherzige Samariter

Eines Tages wollte wieder einmal ein Schriftgelehrter Jesus eine Falle stellen und fragte ihn wie beiläufig: „Meister, was muss ich tun, damit ich den Himmel erbe?"

Jesus sagte: „Die Frage kannst du dir selbst beantworten; denn was steht in den Heiligen Schriften?"

Der Fragesteller erwiderte: „Du sollst Gott, deinen Herrn, lieben von ganzem Herzen, mit allen Kräften und mit ganzer Seele und deinen Nächsten wie dich selbst."

„Richtig", sagte Jesus. „Handle danach. Dann wird dein Leben erfüllt."

Der andere wollte sich nicht so schnell geschlagen geben: „Wer ist denn mein Nächster?"

Für seine Antwort wählte Jesus wieder ein Gleichnis: „Da war einmal ein Mensch, der ging zu Fuß von Jerusalem nach Jericho. Das war nicht sehr weit, aber auch nicht ganz ungefährlich. Unterwegs wurde er von Straßenräubern und Wegelagerern überfallen. Die zogen ihm die Kleidung aus, raubten ihm alles, was er hatte, schlugen ihn brutal zusammen und ließen ihn wie tot liegen.

Wenig später kam ein Priester vorbei. Wollte er einen offensichtlich Toten aus frommer Scheu nicht berühren? Hatte er nur Angst? Hatte er es eilig? Jedenfalls sah er den armen Kerl und ging einfach weiter. Genauso wenig später ein Levit, einer von den Angestellten im Tempel. Auch er sah, was geschehen war, aber er kümmerte sich nicht um den Zusammengeschlagenen, sondern ging weiter. Schließlich kam ein Samariter an die Stelle, ein Ausländer, der eine ganz andere Religion hatte. Der hielt an mit seinem Esel, stieg ab, ging zu dem scheinbar Toten, kniete nieder, merkte, dass noch Leben in dem Menschen war und leistete erste Hilfe mit Öl und Wein und allem, was er zur Hand hatte. Dann hob er den Verletzten auf den Esel und brachte ihn so bis zu einem Gasthaus, das an der Straße lag. Er sprach mit dem Wirt, gab ihm Geld für Zimmer und Essen, verabschiedete sich und versprach, auf dem Rückweg hereinzusehen, um zu bezahlen, was möglicherweise an Ausgaben noch dazukommen könnte."

Nun fragte er den Schriftgelehrten direkt: „Wer war für das Opfer der Nächste? Was meinst du?"

Der Schriftgelehrte antwortete: „Natürlich der, der geholfen hat."

Jesus sagte: „Dann führe künftig dein Leben so, wie es der Samariter getan hat."

Lukas 10,29-37

Wo stellt der Zeitgenosse heute die Frage, und vor allem wie? Denn Schriftgelehrte gibt es genug: die Besserwisser, Fachwisser, Erfahrungswisser, die Alleswisser und die Wenigwisser und die Nichtswisser. Dennoch: Alle berührt irgendwann dieselbe Frage. Wie erbe ich den Himmel? Wie kriege ich einen gnädigen Gott? Wo ist Sinn? Hat mein Leben Bestand? Gibt es die Ewigkeit? Der moderne Mensch steht nicht anders da als der Schriftgelehrte von damals. Jesus erinnert den Fragesteller an das, was er einmal gelernt hat, von der Liebe zu Gott, zu sich selbst und zum anderen Menschen. Wer ist denn mein Nächster?, fragt der Schriftgelehrte. Da erzählt Jesus das Gleichnis, das weltberühmt wurde und leider zu oft nur mit der Nächstenliebe zitiert wird.

Ein Priester geht vorbei, der religiöse Fachmann, er hat ein gutes Gewissen. Die Berührung mit dem Tod ist ihm verboten. Dieses gute Gewissen im Vorübergehen gibt es heute genauso. Alibis, Argumente: Hinsehen und Wegsehen.

Ein Levit geht vorbei, der fromme Angestellte, er hat ein gutes Gewissen. Mitten in der Wüste gibt es keine Barmherzigkeit. Diese Ausflüchte gibt es heute genauso: mitten in der Großstadt, mitten in der Gesellschaft, mitten im Lärm, mitten im Termindruck!

Irgendwann in den Jahren 6 bis 9 hatten Samariter den Tempelplatz verunreinigt. Der beiderseitige Hass trieb schreckliche Blüten. Ausgerechnet von diesem Volk nimmt Jesus einen als Modell, einen verhassten Ausländer, einen Fremden, einen von der anderen Religion. Wen würde er heute wählen? Wahrscheinlich je nach Land, Volk, Kirche, Religion und Weltanschauung immer einen der

Verhassten. So wurde seinerzeit der Samaritaner zum Modell des barmherzigen Samariters. Der jedenfalls tat das einzig Richtige: sehen, erkennen, anhalten, absteigen, hingehen, knien, helfen, das Opfer auf sein Reittier setzen, zur Herberge bringen, bezahlen und versprechen, wiederzukommen. Alles richtig, einfach, selbstverständlich, ohne Vorbehalte, ohne Tabu, ohne großartige Zielvorstellungen, ohne Absicherungen.

Und so was soll ein Himmelserbe sein? Was für eine Antwort auf die Frage des Schriftgelehrten! Der wollte doch wissen: Wer ist mein Nächster? Jesus dreht die Frage um: Wer wurde zum Nächsten. Der Nächste ist also nicht das Objekt meiner Hilfe, sondern das Subjekt der Hilfsbereitschaft. Also: Wie werde ich zum Nächsten? So wird aus der Liebe zu Gott die Bereitschaft, zum Nächsten zu werden.

Und letztlich: Ist Jesus Christus nicht selbst der barmherzige Samariter, der als verhasster Fremdling aus Liebe das einzig Richtige tut?

GOTT SPRACH: DU DUMMKOPF

Der reiche Kornbauer

Wieder einmal hatte Jesus viele Zuhörer, und einer von ihnen wandte sich an ihn: „Meister, kannst du nicht auf meinen Bruder einwirken, dass er mit mir die Erbschaft teilt?"

„Ach, Mensch", kam die Antwort, „ich bin kein Richter, kein Anwalt und kein Notar für Erbschaftsangelegenheiten." Dann wandte er sich an alle: „Gebt Acht, vermeidet alles Habenwollen! Kein Mensch lebt sinnvoll durch großen Besitz." Er fügte ein Gleichnis an:

Da war einmal ein reicher Großbauer. Seine Ländereien waren fruchtbar, und in einem guten Sommer sollte es zu einer überdurchschnittlichen Ernte kommen. Er überlegte: Was ist zu tun? Meine Scheunen und Silos reichen nicht. Ach was, ich werde die alten kurzerhand abreißen und an ihrer Stelle neue größere bauen. Dann werde ich zufrieden sein und meine Seele streicheln und im Spiegel zu mir sagen: Du hast jetzt große Vorräte auf viele Jahre: Gönn dir Ruhe, iss und trink und sieh mutig in die Zukunft. Aber Gott sprach zu ihm: Du Dummkopf! Heute Nacht noch wirst du sterben. Für wen hast du eigentlich deinen Besitz zusammengerafft?!

Das ist das Schicksal der Menschen, die sich auf Materielles stützen, aber vor Gott und im Herzen leer bleiben.

Lukas 12,13-21

Das Gleichnis wirkt fast niedlich, ja romantisch im Vergleich zu heutigen Megafusionen in der Wirtschaft, im Vergleich zu den Billionen-Spareinlagen bei den Banken, im Vergleich zu den Mammuteinnahmen bei Formel 1 und Fußball. Dennoch: Die Grundproblematik ist geblieben: Immer mehr! Immer größer! Immer reicher! Immer mächtiger! Damals ging es um einen Kornbauern, heute geht es um Multis, um Konzerne, es geht um Rodungen, um Bohrungen und in jedem Fall um Anhäufung von Kapital, Besitz und Macht.

Das Problem des Fragestellers damals wirkt simpel. Der Erbstreit macht ihm zu schaffen. Jesus antwortet harsch, dass er dafür nicht da ist, und wendet sich abrupt an die Zuhörer eben mit diesem Gleichnis. Ich stelle mir vor, bei der Klimakonferenz ginge die Tür auf und der Mann aus Nazareth käme herein und erzählt sein Gleichnis. Oder er käme in die Frankfurter Börse und ins Weiße Haus oder in Krisengebiete oder in unser aller Lebensbereiche! Es geht um die Entlarvung der Grundhaltung: vermehren, anhäufen, sich bereichern, anbauen, immer höher hinaus usw. Wenn schon Jesus aus Nazareth nicht selbst kommen kann, warum kommt dann nicht wenigstens seine Kirche in seinem Namen? Oder erliegen die Kirchen längst auch dem Sog der Machtanhäufung und Geldkonzentration? Seele streicheln, Selbstzufriedenheit verbreiten und vor dem Spiegel Sprüche machen.

Dagegen setzt der Mann aus Nazareth eine wundervolle Ethik: die der Bescheidenheit, des Verzichts, der Liebe, der Hochschätzung des Lebens, verbunden mit der Einsicht, dass meine Zeit heute Nacht zu Ende sein kann. Memento mori! Bedenke, dass du sterben musst. Da hilft keine Scheune, keine Bank, da hilft nur Sinn, nur tiefer Glaube; nicht das reiche Konto, nur das reiche Herz. Aber ein Franz von Assisi macht eben noch kein Abendland.

Klärt euer Leben vor Gott

Der unfruchtbare Feigenbaum

Man berichtete ihm, dass Pilatus wohl einige Menschen hatte töten lassen, als sie dabei waren, Lämmer für das große Fest zu schlachten. Er sah buchstäblich hinter ihrer Stirn die Warum-Frage. Warum traf es ausgerechnet jene Menschen?

„Denkt ihr vielleicht", sagte er, „dass diese Opfer der Willkür durch irgendeine besondere Schuld zu Tode kamen? Meint ihr, sie hatten mehr auf dem Kerbholz vor Gott als alle anderen? Wenn ihr nicht endlich Einsicht zeigt und eurem Leben eine neue Richtung gebt, so lange es noch Zeit ist, wird euch irgendein schlimmes Ende genauso unvorbereitet ereilen.

Oder meint ihr, dass die 18 Unfallopfer beim Einsturz des Turmes in Siloah mehr Schuld vor Gott auf sich luden als andere Menschen und dadurch ihr Geschick herbeiführten? Ich sage noch mal: Ohne eindeutige Klärung eures Lebens vor Gott wird euch jedes Geschick blind und dunkel überraschen." Was er meinte, erklärte er ihnen mit einem Gleichnis:

Ein Mensch hatte einen Feigenbaum, und der stand in seinem Weinberg, in der kostbaren und eingezäunten Pflanzung. Der Feigenbaum trug aber keine Früchte. Enttäuscht sagte der Besitzer zu seinem Gärtner: Seit drei Jahren komme ich nun her und suche vergeblich Früchte des Feigenbaums. Säg ihn ab! Er ist nutzlos und verbraucht nur Fläche, wo anderes wachsen könnte. Der Gärtner aber bat: Herr, gib ihm noch ein Jahr. Ich will eine Erdscheibe um ihn graben und ihn gut düngen. Wenn er dann immer noch keine Früchte trägt, dann mag er gefällt werden.

Lukas 13,1-9

Auf den ersten Blick und beim ersten Hören wirkt das Gleichnis sperrig und geheimnisvoll. Doch da ist sie plötzlich: die Warum-Frage. Warum jene Opfer der Hinrichtung? Warum die Opfer jenes Einsturzes? Warum der Tod meines Sohnes auf der Straße? Warum die Opfer überall auf der Welt? Jesus wehrt die Schuldfrage ab, Jesus wehrt die

Gotteszuständigkeit ab, Jesus wehrt die Ansicht ab, als würde der Mensch bewusst oder unbewusst sein schlimmes Schicksal durch die Anhäufung von Schuld vor Gott herbeiführen.

Aber: Ohne grundsätzliche Klärung unserer Beziehung zu Gott wird uns jedes Schicksal blind treffen. Darum also geht es ihm: um Klärung und Klarheit, um Bewusstsein und Wahrheit. Nur so kann sich die Begegnung mit Gott im Geschick des Lebens ereignen.

Darum erzählt er ihnen das geheimnisvolle Gleichnis. Mitten im Weinberg, also mitten in seiner geliebten Welt, in seiner geliebten Menschheit, in seiner geliebten Gemeinde steht ein Feigenbaum, auf dem fruchtbaren Boden seiner Gnade, umgeben von Hoffnung und Segen.

Damit kann der einzelne Mensch gemeint sein oder auch eine Gruppe, wir könnten auch sagen die Kirche: im Genuss des Wachsens und der Obhut, aber ohne Früchte, ohne Konsequenzen, ohne sichtbare Folgen: schön, aber egoistisch, prächtig, aber sinnlos, in besonderer Position, aber unnütz. Es ist der blinde, verschlossene, eigennützige und sterile Mensch. Das Wort zum Gärtner: Schlag ihn ab! entspricht der Art, wie man im Weinberg verfuhr. Es ist ein hartes Urteil, das dem damaligen religiösen Muster entspricht, das in Gott den Richter sah. – Nun taucht aber in der Gestalt des Gärtners die Person Jesu auf, der Fürbitte leistet und eine Bedenkzeit der Gnade erwirkt.

MENSCHEN AUS ALLEN HIMMELSRICHTUNGEN

Verschlossene Türen

Wieder zog er auf dem Weg nach Jerusalem durch Städte und Dörfer. Unterwegs sprach ihn einer an: Herr, bist du der Meinung, dass einst nur wenige in die Nähe Gottes kommen?

Mit seiner Antwort wandte er sich an alle: Entschließt euch, jetzt den Zugang zum Heil zu gewinnen. Es ist unbequem, ich weiß, als würde man sich durch eine enge Tür zwängen. Ich sage euch das deswegen, weil in Zukunft die Unentschlossenen in großer Zahl kommen werden. Sie suchen den Zugang, aber sie haben ihn schon verloren.

Am Ende der Zeit, wenn Gott sich selbst verschließt, als würde eine Tür verschlossen, dann fangt ihr an zu klopfen und zu betteln: Öffne uns die Tür, Herr.

Aber er wird sagen: Ich kenne euch nicht. Dann werdet ihr aufzählen und argumentieren: Du hast uns doch bei Tisch erlebt, und wir haben dir zugehört vor unseren Häusern. Dann wird er sagen: Ich weiß nicht, woher ich euch kennen sollte.

Dann gibt es das große Geschrei, wenn ihr Einblick in die Ewigkeit bekommt und die Vorfahren im Glauben seht: Abraham und Isaak und die Propheten und viele viele mehr.

Ihr aber bleibt draußen vor.

Die Nähe Gottes genießen dann ganz andere: Menschen aus allen Himmelsrichtungen der Welt, mit denen ihr vorher nichts zu tun haben wolltet.

Lukas 13,22-30; Matthäus 7,13-14+25,10-12

Der Fragesteller kommt mit dem alten religiösen Problem: Wer wird einst auserwählt, um in den Himmel zu kommen? Die Frage hat sich bis heute gehalten und lebt in Sekten und Gruppierungen wieder auf. Erwählt zu sein bedeutete stets frühen Glanz und große Anerkennung. Diese Neigung ist im säkularen Bereich fast noch stärker ausgebildet und trägt nahezu religiöse Züge: Wer wird eingeladen? Wer darf neben wem sitzen? Bei einer Eröffnung, einer Uraufführung, bei Schiffstaufen, Königsbesuchen, bei Wahlen und

Staatsanlässen. Religiös heißt die Frage dann: Wer sitzt einst neben Gott? Kindlich, aber verständlich. Jesus nimmt den Fragesteller ernst. Es scheint, als wollte er den Zuhörern klar machen: Gott hat alle Menschen erwählt. Es ist eine Art einseitiger Liebeserklärung. Wird sie nun vom Menschen erwidert? Erwählt der Mensch auch Gott? In einem Gleichniswort spricht Jesus von der engen Tür. Ähnlich sagte er es in seiner Bergpredigt. Der Zugang zum Heil, zum Sinn, zur Wahrheit, also im tiefsten zu Gott, ist begrenzt und nicht in das Belieben des Menschen gestellt. Für viele Menschen, die später den Zugang suchen, kann es zu spät sein, weil sie sich alles verbaut, vermauert und verschlossen haben. Am Ende aller Zeit (wer denkt diesen Gedanken heute noch?) wird Gott sich selbst verschließen, weil Vollendung da sein wird.

Dann wird es fromme und unfromme Argumente geben, wenn Menschen sich darauf berufen, dass sie eigentlich doch immer recht treu waren. Überraschend gewährt Jesus den Zuhörern einen kurzen Blick in die Ewigkeit und betont, dass alles Betteln nichts helfen wird. Und noch überraschender macht er ihnen klar, dass Menschen aus allen Ecken und Enden der Welt Zugang zu Gott finden werden, ausgerechnet die, mit denen man nichts zu tun haben wollte.

Das Gleichnis stellt den Menschen vor eine Lebensentscheidung.

BLEIBENDES ECHO
IN DER EWIGKEIT

Obere Plätze

Jesus war zu Gast bei einem Pharisäer. Als die Gäste gebeten wurden, Platz zu nehmen, beobachtete er, wie jeder versuchte, einen möglichst guten Platz möglichst weit oben bei Tisch zu bekommen.

Das bewog ihn, das Wort zu ergreifen: „Wirst du zu einer Hochzeitsfeier eingeladen, dann setz dich nicht oben an den Tisch. Es könnte passieren, dass ein naher Verwandter noch kommt oder einer mit besonderer Würde, dann müsste der Gastgeber zu dir kommen und dich auffordern, deinen Platz wieder freizugeben. Unter den hämischen Blicken der Gäste müsstest du dann weit unten Platz nehmen.

Deshalb: Wenn du eingeladen wirst, dann such dir einen Platz unten am Tisch. Dann kann es geschehen, dass der Gastgeber zu dir kommt und sagt: Mein Lieber, komm, in meiner Nähe ist ein Platz für dich frei. Dann wirst du unter den staunenden Blicken der anderen nach oben rücken. Es ist eine alte Weisheit: Wer sich selbst groß macht, wird klein werden, und wer bescheiden bleibt, findet Anerkennung."

Danach wandte er sich noch direkt an den Gastgeber:

„Wenn du zu einem besonderen Essen einlädst, dann lad nicht deine besten Freunde, deine Verwandten oder gar betuchte Nachbarn ein, denn die werden deine Einladung ja doch nur erwidern, um ‚wieder gutzumachen', wie sie es nennen, was du ihnen gegeben hast. Nein, lad doch arme Leute ein, Behinderte und Mittellose. Dann wirst du Gottes Nähe spüren, denn solche Menschen können sich ja nicht revanchieren. Du aber wirst in der Ewigkeit ein bleibendes Echo haben."

Lukas 14,7-14

Jesus gibt hier nicht Nachhilfestunden in guten Tischmanieren, obwohl das gewiss in manchen Situationen angesagt wäre. Nein, er nimmt die Situation zum Anlass, um Nachhilfestunden in Glaubensmanieren zu erteilen.

Im Hause des Pharisäers beobachtete er das Gerangel um die besten Plätze. Typisch Mensch, könnte man sagen: dicht am Mittelpunkt, nahe an der Ehre, neben den Würdenträgern! Da fällt etwas ab vom Glanz, und das Ansehen hebt sich. Typisch verbogener Mensch.

Dass er das in diesem Hause geißelte, obwohl er doch selbst Gast war, ist in sich schon eine besondere Spitze. Jeder aber musste sofort begreifen, dass es ihm nicht um die Korrektur der Tischsitten ging, sondern um den Gastgeber des Lebens, um Gott. Damals wie heute ist das religiöse Gedränge groß: Zwischen den Kirchen, zwischen religiösen Gruppen ist das Haschen nach dem besten Platz in Gang. Sehen und gesehen werden, verbunden mit Wahrheitsansprüchen (dicht neben Gott!) und verbunden mit Geltungsansprüchen (etwas von Gottes Glanz erhalten!).

Jesus empfiehlt die alte Weisheit: Bescheiden bleiben, den unteren Platz wählen und dem Gastgeber, also Gott, überlassen, was er mir anweist und zuweist. Das Bild der Hochzeit ist gängig im Neuen Testament für die Einheit zwischen Gott und Mensch.

Danach aber wendet sich Jesus den religiösen und weltlichen Gastgebern zu: Lasst die sinnlosen Gelage und kalten Buffets, die ja doch nur auf „Wie du mir, so ich dir" angelegt sind. Nehmt euch stattdessen Gottes Art zum Vorbild: Menschen einladen und ihnen Nähe schenken, die von sich aus das nicht können. Das wäre eine Ethik der verbindenden Liebe, die bis in die Ewigkeit hinein Wirkung zeigt. Eben vor der Ewigkeit, vor Gott bekommt der Inhalt des Gleichnisses sein Gewicht und seine befreiende Bedeutung.

FALSCHE ENTSCHULDIGUNGEN

Das große Abendmahl

Einer der Gäste im Hause des Pharisäers hatte ihn verstanden, denn er äußerte sich spontan: Glücklich ist der Mensch, der bei Gott zu Haus ist.

Jesus erwiderte: „Da war einmal ein Mensch, der viele Leute zu einem großen Abendessen einlud. Als es so weit war, schickte er noch mal einen Boten zu den Gästen: Kommt, denn es ist alles bereit.

Seltsam, sie sagten alle ab. Jeder hatte eine Entschuldigung: Ich habe ein Stück Land gekauft. Ich kann nicht kommen. Ich muss mir das Land ansehen. Ich bitte um Entschuldigung.

Der Nächste: Ich habe ein paar Gespanne gekauft. Die muss ich mir ansehen. Ich kann nicht kommen. Ich bitte um Entschuldigung.

Der Dritte: Ich habe gerade geheiratet. Ich kann leider nicht kommen. Ich bitte um Entschuldigung. So ging es weiter.

Mit diesen Nachrichten kam der Bote

zurück. Da wurde der enttäuschte Gastgeber wütend. Er sagte zu dem Boten: ‚Geh auf die Straße, auf den Markt und in die verwinkelten Gassen und bring Menschen mit, mit denen sonst niemand zu tun haben will: arme Kerle, hilflose Blinde und Behinderte.'

Der Bote kam wieder und sagte: ‚Sie sind da!'

‚Dann geh hinaus und hol die Landstreicher und die Zaungäste der Gesellschaft und bring sie alle in mein Haus, dass es voll wird.'

Ich sage euch: Kein Mensch, der eingeladen war und absagte, wird mit mir Tischgemeinschaft haben."

Lukas 14,15-24; Matthäus 22,1-10

Gott lädt ein.
Das hört sich so einfach an.
Gott lädt alle ein.
Das hört sich nicht mehr so einfach an.
Gott lädt in seine Nähe ein in Zeit
und Ewigkeit.

Essen – das ist das Bildwort für Gemeinschaft, für Frieden und Vergebung, für Leben!

Das Gleichnis liest sich, als habe Gottes

Einladung eine lange vorlaufende Geschichte, eine Geschichte der Ansagen und Zusagen, der Vorbereitungen und Hoffnungen.

Es ist eine Geschichte des rückblickenden Glaubens, der Schöpfung, der Väter und Propheten. Im Zentrum dieser Geschichte steht nun der Bote: Jesus aus Nazareth. Er sagt den Menschen: Kommt! Es klingt wie die Einladung zum Abendmahl, zu Gottes großem Fest des Lebens.

Nun hagelt es Ausreden: Termine, Pläne, Beschäftigungen, Engagements, Belastungen, Hektik, Hetze, Ablenkungen, Gewöhnliches und Ungewöhnliches, Interessantes und Wichtiges, aber: eben Ausreden, Alibis, Entschuldigungen. Typisch Mensch! Typisch damals! Typisch heute.

Es waren die Menschen, die die Nähe Gottes nötig hatten. Sie schlagen sie aus.

Nun geht die Einladung an die Menschen, die sie eigentlich nicht nötig haben, weil sie ohnehin mit der Liebeserklärung Gottes leben: die Benachteiligten und Zukurzgekommenen. Und das Haus wurde voll.

Die Absage der Ersteren hat Konsequenzen: Distanz und Isolation. Die Zusage der anderen bringt Hoffnung und Erfüllung. Sie hatten eben ein „hochzeitlich Gewand": eine offene Seele.

ENTSCHEIDUNG ZUR NACHFOLGE
Turm und Kriegszug

Wieder einmal hatte er viele Zuhörer, als er Folgendes zu ihnen sagte:

Wer zu mir gehören will, kann keine Rücksicht nehmen auf Eltern, Frau, Mann, Kinder oder Geschwister, auch nicht auf das eigene Leben. Im Entscheidungsfall muss er auf all das verzichten. Sonst kann man nicht mein Jünger sein. Wer sein Leiden nicht annimmt, wer sein Kreuz nicht tragen will, kann nicht zu mir gehören.

Als Beispiel: Wer ein Wirtschaftsgebäude errichten will, denkt vorher darüber nach, überschlägt die Kosten und fragt sich, ob das Geld für den Bau reicht. Denn wenn er das nicht tut und über die Fundamente nicht hinaus kommt, wird er sich den Spott der Nachbarn einfangen: Seht mal, der wollte bauen und hat sich übernommen.

Noch ein Beispiel: Ein Landesherr bekommt Streit mit einem anderen. Der Streit entwickelt sich zur Kriegsdrohung. Ein kluger

Kriegsherr wird doch sicher überlegen, ob er mit 10.000 Soldaten eine Chance hat gegen die doppelte Anzahl. Wenn er das erkannt hat, wird er doch ebenso sicher eine Botschaft mit der Bitte um Frieden zum Gegner senden.

Darum geht es: Wer zu mir gehören will, muss vorher entscheiden, ob er auf alles, was dann zweitrangig ist, verzichten kann.

Lukas 14,25-33

Entscheidung ganz oder gar nicht. Wenn es darauf ankommt.

Mit Gott gibt es keine halben oder halbherzigen Sachen. Selbst die engsten Bindungen, jene, wo das so genannte „Blut" spricht, also die familiären Bindungen von Liebe, Zusammenhalt und sozialem Umfeld dürfen im Entscheidungsfall kein Hindernis sein. Im Extremfall geht es um das eigene Leben. Werden hier potentielle begeisterte Märtyrer gezüchtet?

Das Kreuz tragen?

Ich verstehe das bis heute nicht. Wie könnte ein Gott der Liebe mein Leben fordern um seinetwillen? Ich glaube das bis heute auch nicht. Ich weiß, dass meine Angst viel zu groß wäre und meine Fähigkeit, Qual zu ertragen, viel zu klein. Das Prinzip verstehe ich schon: Nimm den Mund nicht zu voll, Mensch! Sonst geht es dir wie einem Bauherrn, der ein Riesengebäude errichten will und aus Geldmangel und zum Gespött der Nachbarn eine Bauruine stehen lässt. Oder es geht ihm wie einem General, der die Truppen des Gegners unterschätzt. Sollte er da nicht lieber vorher eine Friedensbotschaft senden?

Lieber Jesus aus Nazareth, vielleicht verstehe ich dein Gleichnis nicht. Aber so wie es klingt, kann ich es nicht bejahen: Verzicht auf Zweitrangiges? Ja, wenn es um Sachen geht. Aber bei Menschen? Menschen, die mir lieb sind? Die du selbst mir anvertraut hast? Nein! Klares Nein. Ich kann mir auch nicht denken, dass du das so wolltest. Das hat der Evangelist Lukas als Entscheidungslehre geschrieben. Weißt du, ich lasse das offen. Prioritäten? Ja! Leiden? Möglicherweise ja! Aber Frau und Kinder hergeben? Nein! Entschuldige! Aber ich möchte ehrlich sein.

FREUDE ÜBER EINEN KLEINEN MENSCHEN

Verlorenes Schaf, verlorener Groschen

Eine ganze Gruppe der gesellschaftlich Verpönten kam zu Jesus, um ihn zu hören. Es waren Zöllner und Sünder, wie man sie nannte. Die Pharisäer und Schriftgelehrten, die Hüter der Moral und des Gesetzes, machten aus ihrem Unwillen kein Hehl: „Der kümmert sich um die Verachteten und hat mit ihnen sogar Tischgemeinschaft."

Da erzählte er ihnen dieses Gleichnis:

„Stellt euch vor, irgendjemand von euch hätte hundert Schafe. Beim Weidegang geht eins verloren. Ich garantiere euch: Der Hirte würde die große Herde sich selbst und den Hunden überlassen. Selbst aber würde er sich auf den Weg machen, um das eine zu suchen. Wenn er es dann gefunden hat, dann legt er es sich auf die Schultern und geht nach Haus. Zu Haus angekommen, ruft er Freunde und Nachbarn zusammen, erzählt seine Geschichte und fügt hinzu: Freut euch mit mir darüber, dass ich das verlorene Schaf gefunden habe. Ich meine damit: Gott hat mehr Freude an einem Menschen, der sich von ihm finden lässt, als an der großen Zahl von Menschen, die meinen, Gott nicht zu brauchen.

Oder anders: Stellen wir uns eine Hausfrau vor. Sie verliert eine Mark. Ich bin sicher, sie wird suchen und suchen, in allen Winkeln und Ecken der Wohnung, sie wird eine Lampe nehmen und so lange suchen, bis sie die Mark gefunden hat. Dann wird sie die Mark triumphierend der Nachbarin zeigen und sagen: Freu dich mit! Ich habe gefunden, was ich verloren hatte.

Ich sage euch: Solche Freude wird es bei Gott geben über einen kleinen Menschen, der seine Verfehlungen bereut und seinem Leben eine neue Richtung gibt."

Lukas 15,1-10; Matthäus 18,10-14

Man nannte ihn König, aber er grenzte sich nicht ab. Seine Jünger waren keine Leibwachen. Man nannte ihn Meister, aber er machte daraus keine Sonderstellung.

Er suchte Nähe, und er gewährte Nähe. Er kannte keine Unterschiede. In der Begegnung mit dem Hauptmann ließ er sich nicht zum Militärbischof ernennen. In der Begegnung mit dem Professor erhielt er keine Ehrendoktorwürde.

In der Begegnung mit Huren und Zöllnern, Bettlern und Aussätzigen kannte er keine Tabus. Gesellschaftliche und ästhetische Grenzen gab es für ihn nicht. Das machte viele ärgerlich, denn sie begriffen nicht, dass er die Verlorenen suchte, ganz gleich, zu welcher Schicht sie gehörten. Deshalb klingt es wie ein Cantus firmus, wie ein durchgehendes Motiv, wenn er Gottes Freude über einen Menschen verkündet, der sich finden ließ.

Prall sind die beiden Gleichnisse und atmen einen himmlischen Jubel über Menschen, die ihrem Leben eine neue Richtung geben. Die Bilder sind aus dem Alltag gegriffen. Wir würden heute kaum noch von Schafen sprechen, eher vielleicht von einer Briefmarke, die aus der großen Sammlung verloren ging oder von einem relativ wertlosen Ring, der aber als Erbstück von der Großmutter seine besondere Bedeutung hat. Wie auch immer: Es geht um das Kleine, das Verlorene, dem der Suchende mit leidenschaftlicher

Liebe nachgeht. So menschlich vermittelt Jesus den Eindruck von Gott, der sich über meine Gesinnungsänderung mehr freut als über große Empfänge, Reden, Selbstsicherheiten und religiöse Vorratshaltungen.

Hier lässt sich wirklich die Nähe zum Abendmahl entdecken, zur Tischgemeinschaft mit Gott als Gastgeber, der mit der Erneuerung des Lebens neue Perspektiven gewährt.

Der unverlierbare Vater

Der verlorene Sohn

Jesus erzählt weiter: Da gab es einen Vater, der hatte zwei Söhne. Der jüngere Sohn war inzwischen auch mündig geworden, ging zum Vater und sagte: Vater, bitte, zahl mir mein Erbteil aus.

Tatsächlich entschloss sich der Vater, das Erbe unter den Söhnen aufzuteilen. Der jüngere Sohn bekam eine nicht unerhebliche Summe. Dann packte er seine Sachen, nahm das Geld, verabschiedete sich und zog hinaus in die Fremde.

In der großen Stadt sammelten sich bald Altersgenossen um ihn, denn sie merkten, wie er mit dem Geld um sich warf. Es dauerte nicht lange, bis er sein gesamtes Geld durchgebracht hatte.

Zur gleichen Zeit wuchs im Land die Inflation, das Geld wurde weniger wert, die Arbeitslosigkeit wuchs, die Lebensmittel wurden knapp und teuer. Der junge Mann war nun arm, musste aber essen und trinken.

Schließlich fand er bei einem Bauern Arbeit. Der stellte ihn ein als Schweinehirt. Das war die dreckigste Aufgabe, die man sich vorstellen konnte: Säue hüten. Der junge Mann hatte solchen Hunger, dass er die Schoten des Johannisbrotbaumes aß, die als Schweinefutter verwendet wurden. Niemand gab ihm etwas anderes.

Da schoss es ihm durch den Kopf: Weggegangen bin ich, weil ich frei sein wollte, endlich frei! Aber wenn ich bedenke: Bei meinem Vater zu Hause hat der ärmste Knecht reichlich zu essen und gut zu wohnen, und ich verkomme hier in der Fremde und krepiere vor Hunger. Ich will mich auf den Heimweg machen, zurück zu meinem Vater und ihm sagen: Vater, ich habe schlecht und verantwortungslos gehandelt vor dem Himmel und vor dir. Ich habe kein Recht mehr, dein Sohn zu sein. Aber bitte, lass mich bei dir arbeiten.

Als dieser Entschluss in seinem Gewissen geboren war, machte er sich auf den Heimweg und sah von weitem schon den Vater. Der lief ihm entgegen, nahm ihn in die offenen Arme und gab ihm einen Kuss. Der Sohn sagte unter Schluchzen: „Vater, ich habe schlecht und verantwortungslos vor dem Himmel und vor dir gehandelt. Ich habe kein Recht mehr, dein Sohn zu sein." Doch der Vater drehte sich um und rief: „Bringt das beste Gewand her, kleidet ihn neu ein, gebt ihm einen Siegelring unserer Familie auf den Finger, bringt ihm neue Schuhe, dreht das Kalb am Spieß über dem Feuer und lasst uns ein Fest feiern, fröhlich und voller Dank, denn mein jüngster Sohn war tot und ist wieder lebendig."

Der ältere Bruder war derweil auf dem Acker und tat seine Arbeit. Zu Feierabend kam er nach Haus, hörte die Musik und die Fröhlichkeit und fragte einen der Knechte, was das wäre? Der sagte: „Dein Bruder ist wieder da, und nun wird für ihn ein Fest gefeiert."

Der ältere Sohn wollte gerade voller Zorn hineingehen und dem Vater Vorhaltungen machen, als dieser herauskam, um seinen älteren Sohn hereinzubitten. Mit verhaltenem Zorn, aber bitter warf der Sohn seinem Vater vor: „Seit all den Jahren diene ich dir, tue meine Arbeit, treu, zuverlässig und ordentlich. Nie habe ich eine deiner Anordnungen missachtet. Aber nie, hörst du, noch nie hast du für mich ein Fest ausgerichtet, auf dem ich mit meinen Freunden fröhlich hätte feiern können. Und jetzt, wo dein jüngster Sohn zurückgekommen ist, er, der sein ganzes Erbe mit Saufen, Spielen und billigen Mädchen durchgebracht hat, jetzt schenkst du ihm ein Kalb und feierst ein Fest."

Verständnisvoll und gütig sagte der Vater: „Bedenke doch, du bist all die Jahre mit mir zusammen. Das ist ein einziges Geschenk. Alles was mir gehört, gehört dir. Das ist die Grundlage. Solltest du da nicht mit mir zusammen dankbar und fröhlich sein, dass dein Bruder zurückgefunden hat!? Denn er war tot und ist wieder lebendig. Er war verloren und ist wieder gefunden."

Lukas 15,11-32

Diese Geschichte ist für mich die Königin der Gleichnisse. In geradezu überwältigender poetischer Schlichtheit wird dramatisch erzählt, wie ein junger Mann sich von zu Haus löst, restlos unter die Räder kommt und nach reuevoller Einsicht den Heimweg antritt, wo er einen wartenden und liebevollen Vater antrifft, der ihm die Sohnesrechte neu verleiht und ein Fest des neuen Lebens ausrichten lässt. Neid und Eifersucht des älteren Bruders werden plastisch dargestellt. Das Ende bleibt offen.

So weit handelt es sich um eine aufregende Familiengeschichte, die heute unter gegenwärtigen Bedingungen genauso stattfindet. Rebellion eines Sohnes, Anspruchsdenken und Anspruchshaltung, Suche nach Freiheit, die ihm der Vater gewährt (was war eigentlich mit der Mutter?), Durchbringen der Mitgift; Endstation Nullpunkt, Erinnerung, das Gewissen schlägt, Heimkehr und Empfang usw. Wenn es in unserer Zeit nur mehr solche Väter (und Mütter!) gäbe, die aus Liebe vergeben können.

Warum aber erzählt Jesus diese Geschichte? Sprechen wir sie einfach einmal deutend nach:

Stellt euch zwei Menschen vor Gott vor. Beide sind innerlich im Glauben zu Hause, beide richten ihren Alltag nach den Geboten aus. In alledem waren sie wirklich Brüder. Da beschloss der Jüngere, sich von Gott und dem Bruder zu lösen. Er schaffte es noch, sich von Gott zu verabschieden und bekam sein Menschenerbe ausgezahlt: die Freiheit! So zog er in die Welt, in die neue Identität voller Lust auf die große Selbstständigkeit. Von Gott los, in dieser Hinsicht gottlos: Das müsste es sein, weg vom Übervater, weg vom frommen Bruder, endlich: Ich!

Es dauerte nicht lange, da fand er Gesinnungsgefährten, und viele beneideten und bewunderten ihn, weil er gut ausgestattet war mit Freiheit, Selbstbewusstsein und Tatendrang. Die Zeit verflog. Der Mensch war bald am Ende seiner Möglichkeiten, die Kräfte wurden kleiner, die Hoffnung nahm ab, auf die Sinnfragen fand er keine Antwort, seine Seele verkümmerte, es gab nichts mehr zum Lachen, die Zukunft war dunkel.

Eines Tages war er ganz allein, sehr einsam. Er spürte in sich die große Leere, den Abgrund. Das ging sehr vielen Menschen genauso: Hunger auf Leben. Aber am Rande der Gesellschaft fand er nur einen, der ihm sein ganzes Elend klarmachte und mit ein paar billigen Phrasen abspeiste.

In einer Nacht lag er wach. Da schoss es ihm ins Gedächtnis, wie gut und sinnvoll das Leben mit Gott war. Selbst die Kleinen, die

Armseligen, die das Leben durchgeschüttelt hatte, hatten es bei Gott gut.

So beschloss er, den Heimweg zu Gott anzutreten. Das riet ihm sein Gewissen. Sein Weg in die gottlose Mündigkeit war gründlich misslungen. – Ich will mit Gott reden und ihm sagen, dass ich alles falsch gemacht habe. –

Das tat er auch. Mit zerlumpter Seele trat er vor Gott und betete inbrünstig. Es schien ihm, als habe Gott auf diesen Augenblick gewartet. Voller Güte und Liebe begegnete er dem Heimkehrer. Er verlieh ihm die Würde, ein Mensch zu sein, neu. Er rüstete ihn aus mit neuer Kraft und Hoffnung. Seine Vergebung machte das Leben neu.

Sein Bruder aber fand das nicht gut. Er konnte es nicht einmal ertragen, dass der Jüngere mit in den Gottesdienst durfte und der Gemeinde vorgestellt wurde. Alle kannten doch den Lästerer und Gottesverächter.

Da sprach Gott mit dem Älteren: Kannst du dich nicht mitfreuen? Ist es nicht ein großes Wunder, dass dein Bruder, dessen Seele tot war, zu neuem Leben gefunden hat?! Das ist wie eine neue Geburt. Der Ältere machte Gott bittere Vorwürfe: Ich war dir immer treu, habe dir in allem gedient, aber nie hast du mich besonders gewürdigt. – Sieh mal, sagte Gott, durch deine Treue zu mir waren wir immer beieinander. Ist das nicht in sich schon ein Grund zur Freude? Du hast meine Welt mitverwaltet. Das konnte dein Bruder nicht. Aber jetzt ist er wieder bei uns. Sein Leben kann noch einmal beginnen.

Deshalb ist die Geschichte für mich die Königin der Gleichnisse: Sie erzählt ja gar nicht vom verlorenen Menschen, sondern vom liebenden, wartenden und vergebenden Gott.

DA WAR EINMAL
EIN REICHER MENSCH

Vom ungerechten Haushalter

Da war einmal ein reicher Mensch. Der hatte einen Verwalter. Über den erfuhr er, dass er ihn betrog. Da ließ er ihn rufen und sprach: Was muss ich da hören? Du betrügst mich? Gib Rechenschaft über deine Art zu wirtschaften. Du kannst nicht länger mein Verwalter sein.

Der aber überlegte: Was soll ich machen? Mein Dienstherr schickt mich weg. Landarbeit ist zu schwer für mich. Doch da hatte er eine Idee, wie er seine Stellung vielleicht retten könnte, wenigstens aber Aufnahme bei anderen Menschen fände, falls er tatsächlich entlassen würde.

Gedacht, getan: Er bestellte die Leute zu sich, die seinem Herrn etwas schuldeten.

Zum ersten sprach er: Was schuldest du meinem Herrn? Der antwortete: 2000 Liter Öl, das sind 100 Krüge. Da sagte der Verwalter: Setz dich, ändere den Schuldschein und schreib 50 Krüge. Zum nächsten sagte er: Wie viel schuldest du? Die Antwort hieß: 200 Doppelzentner Getreide. Er sagte: Ändere den Schuldschein. Schreib 160 Doppelzentner.

Das erfuhr der Hausherr.

Er fand Lob für das Handeln des Verwalters und dachte: Wer die Gesetze dieser Welt beherrscht, ist klug. Diese Menschen sind klüger als die naiv Frommen.

Ich sage euch: Macht euch Freunde mit eurem Geld, damit ihr in der Ewigkeit wenigstens ein Zuhause findet, wenn euch der Mammon im Stich lässt.

Wer im Kleinen zuverlässig ist, der ist auch treu im Großen. Wer im Kleinen ungerecht ist, ist auch im Großen unredlich.

Wenn ihr bei anvertrautem Vermögen schon nicht aufrichtig sein könnt, wer würde euch dann schon das Leben anvertrauen?! Und wer mit fremdem Eigentum nicht redlich umgehen kann, wer wird euch dann schon in eigener Sache vertrauen?!

Keiner kann zwei Herren dienen. Ein Mensch wird entweder dem einen zugetan sein und den anderen ablehnen oder umgekehrt. Man kann eben nicht zugleich Gott dienen und dem Geldgötzen.

Lukas 16,1-13

Die Vermutung liegt nahe, dass dieses Gleichnis das Begriffspaar Verantwortung und Rechenschaft klären will. Geeignet für jeden Betrieb: Wie überzeuge ich meinen Chef, mir noch einmal eine Chance zu geben, wenn ich anvertrautes Gut veruntreut habe? Die Idee ist großartig: Im Namen des Vorgesetzten bin ich großzügig gegenüber Untergebenen und Abhängigen. Im Gleichnis geht es um ungeheure Werte. Aber es funktioniert. Der Chef ist beeindruckt. Mögen darüber getrost die Chefs und die Prokuristen dieser Welt nachdenken.

Das Gleichnis redet aber von Gott, der seinem Menschen einen ungeheuren Reichtum anvertraut: die Verwaltung des Lebens und seiner Güter. Grundsätzlich ist jeder gemeint. Der Einzelne steht vor seinem Gott und soll Rechenschaft darüber abgeben, wie er das Vertrauen beantwortet hat. Was mit Litern und Krügen und Doppelzentnern beschrieben wird, sind Gottes volle Krüge an Liebe und Vergebung. Der Mensch ist mit diesen Geschenken schlecht umgegangen. Jetzt droht ihm „die Entlassung" aus der Stellung und Würde eines von Gott Beauftragten. Er schämt sich. Kurz entschlossen gibt er an andere weiter, was ihm gar nicht gehört. Doch er meint es ehrlich und tut es im Namen „seines Chefs". Aus der Angst geboren, in Klugheit gereift wird die Entscheidung zum Schlüssel eines neuen Anfangs. Wie man sich in der Welt mit Geld Freunde machen kann, so kann man im Blick auf die Ewigkeit die Freundschaft Gottes und der Menschen gewinnen, wenn man Schuld, Schulden und Versäumnisse ersatzlos streicht und damit Gottes Art verwirklicht.

Die Treue im Kleinen ist der Maßstab für die Aufrichtigkeit im Großen. Wenn unaufrichtigen Menschen schon kein materielles Gut anvertraut werden kann, um wie viel weniger kann Gott unzuverlässigen Menschen das Leben und seinen Reichtum anvertrauen?! Keiner kann auf zwei Hochzeiten tanzen. Die Entscheidung muss fallen: Gott oder Geld! Die Priorität ist klar.

Abstand und Nähe zu Gott

Reicher Mann und armer Lazarus

Einst lebte ein wohlhabender Mann. Er trug vornehme Kleidung von auserlesenem Stoff. Jeden Tag genoss er in vollen Zügen und freute sich seines Lebens. Zur gleichen Zeit lebte dort ein armer Mann; er hieß Lazarus, saß als Bettler meistens vor der Tür der Reichen, sein Körper war ausgemergelt und voller Ausschlag. Er nährte sich von den Küchenabfällen aus dem reichen Haus. Nur die Straßenhunde waren freundlich zu ihm und leckten ihm die entzündete Haut.

Lazarus starb. Gott nahm ihn zu sich in seine Ewigkeit zu Abraham und den Vätern, wie man so sagt. Später starb auch der wohlhabende Mann. Man begrub ihn feierlich.

Seine Seele spürte den ungeheuren Abstand zu Gott und erkannte gleichzeitig die Nähe des Lazarus zu Gott und den Vätern.

Seine Seele traute sich nicht, mit Gott direkt zu sprechen. So wandte sie sich an Abraham: Hilf mir, ich habe Durst nach Geborgenheit und Frieden, gib mir ein klein wenig von der ewigen Ruhe, denn ich habe Angst in meiner Gewissensnot.

Er bekam die Antwort: Erinnere dich daran, dass du in deinem Leben nur Reichtum und Erfüllung erlebt hast. Lazarus hingegen hatte nur Arges zu erleiden. Deswegen erlebt er jetzt die Erfüllung des Friedens, du aber spürst die Kälte und Angst. Deshalb gibt es diesen unendlichen Abstand zwischen uns. Aus eigener Kraft kann niemand diesen Abstand überwinden, weder in der einen noch in der anderen Richtung.

Da bat die Seele des Reichen: Ach, ihr Lieben in der Ewigkeit, schickt doch bitte Boten in meine Familie, denn ich habe noch fünf Brüder. Mein innerster Wunsch ist, dass sie eines Tages nicht auch in meine Lage kommen.

Die Antwort hieß: Wenn sie den Sinn und die Substanz des Lebens erkennen wollen, dann haben sie ja Mose und seine Gebote und die Botschaft des Glaubens bei den Propheten. Der Reiche aber wandte ein: Nein, so nützt es nichts. Aber wenn einer aus der Ewigkeit zurückkäme und mit ihnen spräche, dann würden sie ihr Leben in Gottes Sinn ändern. Die Antwort hieß: Wenn sie sich nicht nach Mose und den Propheten richten, dann werden sie auch keinem Glauben schenken, der aus dem Tod zurückkehrt.

Lukas 16,19-31

Zwei Menschen werden gegenübergestellt: der Reiche und der Arme. Die beiden haben eine gemeinsame Geschichte seit Menschengedenken: Selbstzufriedenheit, Hartherzigkeit, Egoismus und Kälte hier, Abhängigkeit, Demut, Aussichtslosigkeit dort. Die einzige Brücke besteht in den Abfällen aus der Küche, Stücke Fladenbrot, mit denen sich die vornehmen Gäste die Hände säuberten. Hunde lecken dem Lazarus die Haut. Die Freundlichkeit der Kreatur ist das Einzige, was dem Armen bleibt. Doch, da gibt es anscheinend noch eine zweite Brücke: Beide sterben. Wenigstens im Tod, so sagt man, sind sie gleich. Es stimmt aber nicht. Der Arme bekommt eine schnelle Beerdigung, der Reiche dagegen Pomp und Aufwand.

Aber dann! In fast kindlichen Bildern und plastischen Dialogen öffnet sich die Ewigkeit: Das Wesen des Reichen befindet sich in unendlichem Abstand zu Gott, das Wesen des

Armen dagegen in liebevoller Nähe. Der Reiche sucht Fürsprache: Gewissensnot und Angst treiben ihn zu der Bitte. Er sucht Ruhe, Geborgenheit und Frieden. Ihm wird deutlich gemacht, dass er in seinem ganzen Leben stets nur an sich selbst dachte. Nun winselt er kleinlaut, man möge doch um seiner Brüder willen Auferstandene in die Welt schicken. Die Antwort heißt: Mit den heiligen Schriften haben sie alles, was sie für die Erkenntnis und die Umkehr brauchen. Ein Rückkehrer von den Toten würde gar nichts ausrichten.

Eigentlich wunderbar, wenn man so bildlich, bildhaft und plastisch vom Ende und Danach sprechen kann. Vielleicht sollte der heutige Mensch eigene neue Bilder entwerfen. Doch wenn ich mich aus den Bildern löse, bleiben das Problem und die Antwort für damals und heute dieselben. Menschen entdecken oft zu spät, dass es auf die Geborgenheit bei Gott ankommt. Das Leben ist eben mit dem Tod nicht einfach aus und vorbei. Die neue Zeit beginnt dann. Mein Ich, mein Wesen, braucht Frieden, ewigen Frieden. Den kann ich nicht einhandeln. Den schenkt Gott allein.

Kleine bescheidene Menschen

Vom dienenden Knecht

Wenn jemand von euch Bauer wäre und einen Gehilfen hätte, der tagsüber Feldarbeit macht und für das Vieh sorgt und nach getaner Arbeit nach Haus kommt – würdet ihr dann zum Gehilfen sagen: Komm erst mal ins Zimmer und iss mit mir zu Abend?

Ist es nicht ganz anders: Der Bauer würde sagen: Wasch dir die Hände, mach dich ordentlich zurecht, deck den Abendbrottisch und bediene mich bei Tisch, bis ich fertig bin. Danach kannst du dann selbst essen und trinken.

Und würde der Bauer etwa seinem Gehilfen danken für die Arbeit, die er doch auf Anordnung und in Pflichterfüllung getan hat?

Das betrifft euch genauso: Wenn ihr in eurem Leben alles getan habt, was Gottes Wille ist, dann sagt höchstens: Wir sind deine kleinen bescheidenen Menschen. Wir haben getan, was unsere Pflicht war.

Lukas 17,7-10

Was Jesus am Schluss sagt, leuchtet mir sehr ein: Am Ende sagen: Ich war lediglich dein kleiner Mensch, mein Gott, und habe versucht zu tun, was dein Wille ist. Es leuchtet mir auch ein, dass mein Leben Dienst sein soll, dienen in seinem Namen. Denn nur die Dienenden gehören zu den Dankbaren, und nur die Dankbaren vermitteln Hoffnung.

Aber das Gleichnis selbst kann ich für mich in seinen Einzelzügen nicht annehmen. Und außerdem: So handelt hoffentlich heute kein Bauer mehr und auch kein Firmenchef; und wenn doch, dann kann ich beim besten Willen darin nichts, aber auch gar nichts von Gottes Wesensart entdecken.

Gewiss, ich weiß nicht, ob Gott mir dankt, wenn ich ihm gehorsam war, aber ich bin mir sicher, dass er sich von mir nicht bedienen lässt. Im Gegenteil: Er hat seinen Sohn gesandt, um den Menschen zu dienen. Wichtig bleibt, dass auch das beste Leben kein Grund ist, sich vor Gott auf die eigene Leistung zu berufen. Alles war Diensterfüllung. Dann kann ich das Gleichnis voll annehmen.

GLAUBE UND GEBET

Der ungerechte Richter

Er erzählte den Menschen ein Gleichnis über die Bedeutung, Kraft und Wirkung des geduldigen Betens.

In einer Stadt gab es einen Richter, der weder Gott noch die Menschen fürchtete. In dieser Stadt lebte auch eine Witwe, die zu diesem Richter kam und ihn bat, ihr zu ihrem Recht zu verhelfen gegenüber einem Nachbarn, der ihr übel mitspielte. Anfangs wollte er nicht darauf eingehen, zeigte auch keinerlei Interesse an dem Fall. Aber weil die Frau nicht aufhörte, ihn wieder und wieder zu bitten, sagte er sich: Obwohl ich weder Furcht vor Gott noch Furcht vor den Menschen kenne, will ich dieser Frau doch zu ihrem Recht verhelfen. Wer weiß: Sonst wird sie mir letzten Endes noch gefährlich.

Da sagte Jesus: Habt ihr das Wort dieses zweifelhaften Richters verstanden?

Wenn schon ein solcher Mensch schließlich das Recht einer allein stehenden Frau vertritt, um wie viel mehr wird der gerechte Gott sich um das Recht seiner Getreuen kümmern, die Tag und Nacht zu ihm beten. Gott lässt nicht lange auf sich warten. Ich sage euch: Seinen Getreuen ist er ganz nahe, und er kommt ihnen ganz nahe.

Was meint ihr aber: Wenn mit dem Menschensohn das Friedensreich Gottes anbricht, wird es dann wohl solch tiefes Vertrauen und treues Gebet geben?

Lukas 18,1-8

Das Beten lag Jesus wohl stets am Herzen. Nicht nur, weil er die Psalmen kannte und konnte, sondern weil er selbst intensiv mit seinem Vater sprach kurz vor der Kreuzigung oder vor dem Abendmahl oder mit dem Text aus dem Johannes-Evangelium im 17. Kapitel. Besonders deutlich wird seine Liebe zum Gebet in der Bergpredigt, wo er seinen Freunden das Vaterunser schenkt. Beten ist das Atemholen des Glaubens, damit er sich in der Liebe verströmen kann. So nimmt es nicht wunder, dass er dieses Gleichnis erzählt, um die Kraft und Bedeutung des Gebetes darzulegen.

Da war also ein Richter, ein Mensch, der sich für allmächtig hielt.

Da lebt also ein Gott, der Schöpfer, der allmächtig ist.

Da kommt eine Frau, die den Richter bekniet, er möge ihr helfen.

Da kommt ein Mensch, der vor seinem Gott kniet, er möge ihm helfen.

Der Richter wird weich. Die Frau ist hartnäckig. Die Frau hat Geduld. Sie kennt ihr Recht.

Gott hört zu. Der Mensch hat Geduld. Der Beter ist treu. Er weiß um die Gnade.

Wenn schon der selbstgefällige Richter in seiner Arroganz nachgibt, um wie viel mehr wird der menschengefällige Gott in seiner Liebe trösten und helfen! Nur bleibt die Frage, ob es solche treuen Beter gibt? Beter, die Gott buchstäblich beknien.

Jene Frau war arm und mittellos, ein Schicksal der Witwen damals.

Treue Beter sind wie diese Witwen: arm und mittellos vor Gott. Die leeren Herzen und die leeren Hände sind die Schlüssel für erfüllte Gebete.

Hochmut und Demut beim Beten

Pharisäer und Zöllner

Zu einigen Menschen, die sich auf ihre Frömmigkeit etwas einbildeten und meinten, sie könnten auf andere herabsehen, sagte er folgendes Gleichnis. Zwei Menschen gingen einst zum Tempel, um Andacht zu halten und zu beten. Der eine war ein Pharisäer, also ein Mensch mit durchaus anständiger Gesinnung und großer Ordnung in seinem Alltag. Der andere war ein Zöllner, der in den Augen der Öffentlichkeit nicht viel galt und viele Probleme und viel Unrecht mit sich herumtrug.

Der Pharisäer sprach in stillem Gebet: Mein Gott, ich danke dir, dass ich mich von den anderen Menschen wohltuend unterscheide: von den Dieben, Brutalen, von den Ehezerstörern und auch von solchen Typen, wie der Zöllner da drüben einer ist. Denn ich halte die religiösen Gesetze streng ein, und ich gebe auch zehn Prozent in die Kollekte von allem, was ich verdiene.

In einiger Entfernung stand der Zöllner. Er hielt seinen Kopf gesenkt und seine Augen geschlossen. Zum Zeichen seiner Wahrhaftigkeit schlug er mit der Hand an seine Brust und betete: Mein Gott, vergib mir!

Ich sage euch: Der Zöllner ging entlastet und befreit nach Hause, der Pharisäer aber nicht.

Denn wer sich etwas auf sich einbildet, wird klein werden. Wer aber seine Kleinheit bekennt, findet Gottes Nähe.

Lukas 18,9-14

War es 9.00 Uhr? War es 15.00 Uhr? Jedenfalls zu einer dieser beiden Gebetsstunden waren sie beide im Tempel, um Andacht zu halten: der Pharisäer und der Zöllner.

Pharisäer: Was für ein Beigeschmack, so als wäre dieser fromme Berufsstand Inbegriff für Arroganz und Falschheit. Das war er nicht. Menschen waren es, die mit gutem Gewissen und heiligem Eifer die Gesetze einhielten und mit großer Dankbarkeit an den Gottesdiensten teilnahmen; Menschen mit großer Redlichkeit und intensiv darauf bedacht, zehn Prozent aller Gewinne abzugeben.

Wo sie heute zu suchen sind, wird jeder selbst entdecken. Wahrscheinlich hockt ein kleiner oder großer Pharisäer im eigenen Herzen. Von ordentlichen Menschen ist die Rede, von Leuten, die zur Kirche gehen, ihren religiösen Seelenhaushalt wahren und von ihren Einkünften einen erheblichen Anteil abgeben, wenigstens zu Weihnachten. Gegen solche Lebenseinstellung ist eigentlich nichts einzuwenden.

Zöllner: Was für ein Beigeschmack, so als wäre dieser Berufsstand damals eine Art Minimafia gewesen. Es waren Menschen, die sich am Gesetz vorbei bereicherten, und Schlagbäume gab es reichlich. In der Öffentlichkeit hatten diese Leute keine Würde, Verachtung schlug ihnen entgegen. Wo sie heute zu suchen sind, wird jeder selbst entdecken. Wahrscheinlich hockt ein kleiner oder großer Zöllner im eigenen Herzen. Immerhin: Betrug an der Steuer vorbei, Übervorteilung und Scheingeschäfte sind an der Tagesordnung.

Der Pharisäer betete halblaut: Ich danke dir, mein Gott, dass mein Leben so ganz anders ist als das jener betrügerischen und zerstörerischen Leute, wie dort der Zöllner einer ist. Das könnte durchaus ein modernes Gebet sein. Und Recht hat er ja: Warum sollte er also nicht danken?

Der Zöllner dagegen schlägt mit der Hand auf das Herz als erschütterndes Zeichen der Buße und bittet um Vergebung, mit gesenktem Kopf und geschlossenen Augen, ungewöhnlich also, gegen den Ritus, aber aus Angst und Verzweiflung geboren. Dabei nimmt er Worte des 51. Psalms auf.

Was Jesus mit dem Gleichnis herausstellt, ist nicht die Lebensweise der beiden Beter, sondern ihre Haltung vor Gott. Beim Pharisäer herrscht Selbstvertrauen, Selbstsicherheit, und aus beiden ergibt sich Verachtung und Distanz. Beim Zöllner herrscht Gottvertrauen, Unsicherheit, ja Verzweiflung, und daraus wächst Gottes Vergebung und ein neuer Anfang. Gottes Güte ist die Antwort auf ein offenes Herz voller Reue.

Die Ersten wie die Letzten

Die Arbeiter im Weinberg

Das Lebensklima Gottes lässt sich mit einem Grundbesitzer vergleichen, der bei Sonnenaufgang aufbrach, um Leute für die Arbeit in seinem Weinberg zu werben. Er fand einige, wurde sich mit ihnen einig, was den Tageslohn betraf, und schickte sie in den Weinberg.

Arbeit gab es genug. Deshalb ging er Stunden später wieder los, sah Arbeitslose auf dem Markt stehen, warb sie an, sagte, er würde sie gerecht entlohnen und schickte auch sie in den Weinberg. Das taten sie. Mittags, am frühen Nachmittag und noch mal später ging er wieder auf den Markt und fragte Männer, die da tatenlos herumstanden: Warum tut ihr nichts? – Uns hat niemand angeworben!, bekam er zur Antwort. Geht und arbeitet auch ihr in meinem Weinberg. Das taten sie.

So wurde es Abend, die Sterne kamen heraus, es war zu dunkel für die Arbeit. Da rief der Herr des Weinberges seinen Verwalter zu sich: Ruf die Tagelöhner zusammen und zahle sie aus vom Letzten bis zum Ersten. So geschah es, jeder bekam seinen Lohn, alle bekamen die gleiche Summe: einen Dinar, ein Silberstück.

Die den ganzen Tag lang gearbeitet hatten, hatten erwartet, dass sie mehr bekämen als die später Gekommenen. Sie machten ihrer Enttäuschung Luft und sagten zum Weinbergbesitzer: Die zuletzt Gekommenen haben nur eine Stunde gearbeitet, während wir die Hitze und Last des Tages ertragen mussten. Warum hast du sie uns gleichgestellt?

Zum Sprecher gewandt sagte der Herr des Weinberges: Mein Lieber, ich habe dir kein Unrecht getan. Wir haben uns doch heute Morgen auf ein Silberstück geeinigt. Jetzt hältst du es in der Hand. Sei zufrieden und geh nach Haus. Und bedenke: Ich kann mit meinem Eigentum tun, was ich will, wenn ich auch den Letzten denselben Lohn zahle. Bist du etwa deshalb eifersüchtig, weil ich Gutes tue?

So werden die Letzten wie die Ersten und die Ersten wie die Letzten sein.

Matthäus 20,1-16

Es geht weder um das Arbeitslosenproblem vor 2000 Jahren noch um die schreiende Ungerechtigkeit eines gleichen Lohns für ungleiche Arbeit. Gott ist auch kein Investor, und Jesus ist kein Börsenmakler. Dieses Gleichnis wurde sooft missbraucht, allegorisiert, d. h. im übertragenen Sinne gedeutet, als sei der Weinberg das heilige Volk oder die heilige Kirche, als ergehe da ein göttlicher Ruf zur Mitarbeit zum Billigtarif, und als sei die Position des Christen vergleichbar mit der eines herumlungernden Faultieres.

Lassen wir das einfach weg.

Dieses dramatische Gleichnis spricht vom Ruf Gottes ins Leben, in die Verwaltung der Welt, denn das ist der Weinberg des Schöpfers, seine Pflanzung, sein Garten. Die Vereinbarung klingt wie ein Handel, ist aber keiner. Gott verspricht jedem das Ganze! Den „Lohn", die Erfüllung des Lebens. Lebensarbeit ist Gottesdienst, und am Ende folgt die „Auszahlung". Jeder erhält dasselbe, Anteil an Gott, ganze Gnade. Da ist kein Unterschied zwischen zu früh und zu spät, aber auch kein Freibrief für die Abwartenden. Wie Angestellte gegen gleiche Bezahlung bei ungleicher Arbeit protestieren, so protestiert der früh engagierte religiöse Mensch gegen Gott, der auch die Spätentdecker mit der gleichen Gnade beschenkt. Verständlich ist das, wenn man vom Menschen aus denkt. Wozu eigentlich die lange Mühe eines langen Lebens in Treue, wenn es offenbar reicht, dass man sich kurz vor Toresschluss noch meldet.

Das Wunderbare an diesem Gleichnis aber ist, dass es von einem Gott redet, der sich nicht in Staffelungen verschenkt und auch nicht mit Rücksicht auf erworbene Lebensleistung, sondern in Liebe und Güte eben unteilbar. Das sollte die zufrieden stellen, die es schon von früh an erlebt haben.

Gott versprach nie etwas anderes als sich selbst, seine Nähe. Das sollte für jeden Menschen Lohn sein, d.h. Erfüllung und Vollendung.

Etwas aus dem Leben machen
Die anvertrauten Gelder

Ein Landesherr trat einst eine Reise in ein fernes Land an. Dort wollte er sich zum König krönen lassen, um danach heimzukehren. Er befahl zehn seiner Bediensteten zu sich und gab jedem zehn Minen, das sind ungefähr tausend Mark. Er sagt: Wirtschaftet mit dem Geld, bis ich wiederkomme. Aber die Leute seines Landes mochten ihn nicht, schickten hinter ihm her und ließen ihm sagen: Wir wollen dich nicht als König. Doch er wurde gekrönt, kehrte heim und rief die zehn Bediensteten zu sich, denen er Geld gegeben hatte, um zu hören, was sie damit gemacht hätten.

Der erste trat vor und sprach: Aus den tausend Mark habe ich 10.000 gemacht. Der König war begeistert: Gut! Sehr gut sogar! Du bist ein besonnener Diener. Weil du im Kleinen zuverlässig gewesen bist, sollst du die Herrschaft über zehn Städte bekommen.

Der zweite trat vor: Aus den tausend Mark habe ich 5000 gemacht. Der König reagierte ähnlich: So sollst du die Herrschaft über fünf Städte erhalten.

Der dritte trat vor: Herr, hier bringe ich dir die tausend Mark zurück. Ich hatte sie in ein Tuch gewickelt versteckt. Ich hatte Angst vor dir, denn ich wusste, dass du ein harter Mensch bist. Du eignest dir an, wofür du nichts getan hast, du erntest, wo du nicht gesät hast.

Wenn du wusstest, sagte der König, dass ich ein harter Mensch bin, der erntet, wo er nicht gesät hat, warum hast du nicht wenigstens die tausend Mark Gewinn bringend angelegt? Deshalb verurteile ich dich, weil ich nun nicht einmal in den Genuss der Zinsen komme. Zu den anderen sagte er: Nehmt ihm die tausend Mark ab und gebt sie dem, der 10.000 hat. Sie warfen ein: Herr, er hat doch schon so viel! Der König sprach: Wer einen Ertrag erwirtschaftet hat, wird noch mehr dazubekommen. Wer aber seine Möglichkeiten vertat, wird auch noch verlieren, was er hat. Und meine Feinde, die nicht wollten, dass ich gekrönt würde, sollen hergebracht werden, damit sie vor meinen Augen ihr Ende finden.

Lukas 19,11-27; Matthäus 25,14-30

Es gibt heutzutage Menschen, die fest mit der Zerstörung der Welt durch den Menschen rechnen.

Es gibt aber auch Menschen, die den Weltuntergang erwarten. Und es gibt Menschen, die auf ewige Dauer des Bestehenden bauen. Jedenfalls gibt es kaum oder gar keine Menschen, die mit einer Beendigung dieser Weltzeit durch Gott rechnen. Es gibt wohl auch kaum Menschen, die mit einer leiblichen Wiederkehr des Gekreuzigten rechnen.

Das aber war vor 2000 Jahren anders. Hier liegt auch der Grund dafür, dass dieses Gleichnis in der Auslegungsgeschichte viele unterschiedliche Deutungen erfuhr, wobei man den lukanischen Text als erste Deutung durch den Evangelisten vermutete.

Unser Gleichnis redet im Bild vom Christus der Welt, der über Karfreitag, Ostern und Himmelfahrt zum König des Lebens gekrönt wurde. Ob nun am Ende der Zeit, am Ende eines Tages, am Ende meines Lebens: Er hat seinen Menschen eine ungeheure Leihgabe anvertraut: seinen Trost, seine Liebe, seine Gerechtigkeit und seine Vergebung. Er hatte viele Feinde in der Welt und hat sie wohl noch. Doch am Ende geht es um die Frage: Was hast du aus den kostbaren Leihgaben gemacht? Der eine hat sie verteilt und vermehrt. Der andere zwar weniger, aber doch auch. Der Dritte geringfügig, aber immerhin. Und wieder ein anderer hielt die Gaben verborgen, aus Angst, aus Scham, aber er bewahrte sie. Von den Ersteren ist der König des Lebens hellauf begeistert. So war es gedacht, und sie empfangen noch mehr. Der Letztere aber verliert schließlich alles, weil er sich im König getäuscht hatte und ihn für einen knallharten Rosshändler hielt. Der König des Lebens spricht dann von den Folgen: Verlust des Sinnes, Verlust der Würde, Verlust des Lebens. Im Originalton des Gleichnisses klingen diese Sätze brutal. Sie sind verständlich aus dem Zeitempfinden. Uns treffen sie womöglich noch tiefer, und zwar an dem Punkt, wo es um die christliche Identität geht.

Denn sonst hättet ihr geglaubt

Ungleiche Söhne

Stellt euch vor: Ein Vater hatte zwei Söhne, und zu dem ersten sagte er: Geh und arbeite heute im Weinberg. Der Sohn sagte: Nein, ich will heute nicht. Später aber plagte ihn sein Gewissen, und er ging doch in den Weinberg und tat seine Arbeit.

Zum andern Sohn sagte der Vater auch: Geh und arbeite heute im Weinberg. Der Sohn sagte sofort: Ja, das werde ich tun, Chef. Aber er ging nicht in den Weinberg.

So frage ich euch: Welcher Sohn hat den Willen des Vaters erfüllt?

Die Ältesten und Priester, die Jesus zuhörten, antworteten: Natürlich der zweite.

Da wurde Jesus scharf: Wahrhaftig, die verrufenen Zöllner und die verachteten Dirnen, denen ihr die Nähe Gottes versagt, werden eher zu ihm gehören und zu seinem Friedensreich als ihr.

Ich erinnere euch: Johannes kam, brachte

euch die Botschaft der Wahrheit; aber ihr habt ihm nicht geglaubt, als er euch den Sinn des Lebens erschließen wollte. Jene so verrufenen Menschen aber haben ihm geglaubt. Obwohl ihr das alles miterlebt und gesehen habt, habt ihr eure Einstellung nicht geändert, denn sonst hättet ihr ja geglaubt.

Matthäus 21,28-32

Immer wieder geht es Jesus um die Öffnung der Herzen für die Liebe und Nähe Gottes. Bei den Frommen und Selbstgerechten traf er zumeist auf taube Ohren. Sie waren ihrer Sache sicher, zu sicher, und waren es mit gutem Gewissen. Deswegen stellt er in seiner Bildrede Extreme gegenüber: zwei Söhne, zwei Typen, zwei Schichten, zwei Gruppen, zwei Haltungen.

Auf der einen Seite ein klares Nein. Auf der anderen Seite ein schnelles Ja. Gott und seine Menschen in der Arbeit für das Leben. Die klaren Neinsager und die schnellen Jasager.

Aber die Haltung verkehrt sich ins Gegenteil. Bei den Neinsagern arbeitet das Gewissen. Bei den Jasagern hat die Gewissenlosigkeit das Wort.

Die Zuhörer damals reagierten prompt. Für sie als treue Gesetzeshüter war natürlich der schnelle Jasager der Richtige.

Nun aber bekommen diese beiden Haltungen im Gleichnis Gesichter und Lebensläufe: Dirnen und Zöllner auf der einen Seite, Älteste und Priester auf der anderen. Menschen, die der Nähe zu Gott zunächst durch ihr negatives Leben eine Absage erteilten, gewinnen kraft ihrer Gesinnungsänderung neuen Zugang. Die andern aber verlieren ihren Sinn. Am Täufer Johannes wird das verdeutlicht: Vor den Toren Jerusalems bekannten sich ausgerechnet die Verrufenen zu der Botschaft der Wahrheit, während das Establishment den Täufer verhöhnt, verfolgt und schließlich umbringt.

Was das für die heutige Zeit bedeutet, wird gewiss jeder selbst erkennen und entscheiden.

Ein Wunder
vor unseren Augen

Die bösen Weingärtner

Ich erzähle euch ein anderes Gleichnis, sagte Jesus: Einst legte ein Landbesitzer einen Weinberg an, zäunte ihn ein, baute eine Weinpresse, errichtete einen Wachtturm, verpachtete alles an Weingärtner und reiste selbst ins Ausland.

Als die Zeit für die erste Ernte kam, sandte er Boten zu den Weingärtnern mit dem Auftrag, seine Früchte zu holen.

Kurzerhand ergriffen die Weingärtner die Boten, den einen schlugen sie zusammen, den andern ermordeten sie, und der dritte wurde gesteinigt.

Der Besitzer des Weinbergs sandte neue Boten, diesmal mehr als zuvor, aber sie erlitten dasselbe Schicksal.

Schließlich sandte er seinen Sohn und dachte bei sich: An dem werden sie sich nicht vergreifen. Sie werden ihn respektieren. Als die Weingärtner den Sohn sahen, steckten sie die Köpfe zusammen und tuschelten: Das ist der Erbe. Wir sollten ihn töten, damit das Erbe an uns fällt. So packten sie ihn, warfen ihn aus dem Weinberg hinaus und brachten ihn um.

Was meint ihr: Wenn der Besitzer zurückkommen wird, was wird er mit den Weingärtnern machen? Aus dem Kreis der zuhörenden Ältesten und Priester kam die Antwort: Er wird die Übeltäter hart bestrafen und seinen Weinberg an andere verpachten, die ihm die Ernte zur rechten Zeit geben.

Jesus sagt: Kennt ihr denn nicht das Psalmwort (Psalm 118,22-23) „Der Stein, den die Bauleute verworfen haben, ist zum Grundstein geworden. So geschieht es von Gott und ist ein Wunder vor unseren Augen." – Daher sage ich euch: Das Friedensreich Gottes wird euch weggenommen und Menschen anvertraut, die das Erbe treu verwalten.

Die Hohenpriester und Gesetzeslehrer begriffen sofort, dass er sie meinte. Sie berieten, wie sie ihn verhaften lassen könnten. Aber sie hatten Angst vor der Volksmenge, denn die Menschen hielten Jesus für einen Propheten.

Matthäus 21,33-46; Markus 12,1-12; Lukas 20,9-19

Vielleicht hat eine Revolte galiläischer Bauern gegen fremde Großgrundbesitzer für diesen Text Modell gestanden. Mag sein, dass dieser Erzählstoff bewusst von Jesus aufgenommen wurde. Wahrscheinlich begegnen wir im Markus-Evangelium dem Original, das wie eine Ikone wirkt, die dann von Lukas gleichsam übermalt wurde.

Dadurch wird deutlich, mit welch feinem Pinselstrich Anschluss an das Lied vom Weinberg bei Jesaja im 5. Kapitel gewonnen wird. Damit ist der Weg frei für die Deutung im übertragenen Sinn: Gott ist der Herr des Weinbergs, seines Volkes, seiner Menschen, seiner Welt.

Leben und Welt vertraut er seinem Volk, seinen Menschen an. Er fordert Rechenschaft und sendet Boten, seine Propheten, seine Beauftragten. Doch man verhöhnt und verlacht, schlägt und tötet sie. Es ist also eine Menschenrevolte gegen Gott. Der Mensch begnügt sich nicht mit einem Pachtvertrag für das Leben. Er will besitzen.

Gott schickt den Sohn als letzten Hoffnungsbeweis. Man packt ihn, wirft ihn aus dem Weinberg, aus Jerusalem hinaus und bringt ihn um. Hier ist der Blick auf die Passionsgeschichte gegeben. Wieder will Jesus seinen Zuhörern die Augen öffnen. Sie reagieren auch folgerichtig, dass die Mörder ihr Leben verwirkt haben, ohne es auf sich zu beziehen.

In einer strahlenden Vision entwirft Jesus die Zukunft des Friedensraumes Gottes: Das Erbe wird den Treuen anvertraut. Jetzt erst begreifen die Zuhörer, dass sie gemeint sind. Aber noch zögern sie. Aus Angst.

Unser neues Jahrtausend kennt millionenfach das Leiden und millionenfach das Töten. Um wie viel mehr brauchen wir den realistischen Traum und die Wirklichkeitsvision des Mannes aus Nazareth, der das mit seinem Tod besiegelt hat.

Bis Gottes Wille erfüllt ist

Grüner Feigenbaum

Der Feigenbaum ist ein Gleichnis:

Wenn seine Zweige jetzt voll Saft sind und Blätter treiben, dann weiß jeder: Der Sommer steht vor der Tür. So sollt ihr erkennen: Ihr hört und seht, was alles geschieht in Gottes Namen. So muss euch klar sein, dass mit mir das Reich der Gerechtigkeit ganz nahe ist. Deshalb sage ich euch: Die Menschheit wird nicht vergehen, bevor sich Gottes Wille erfüllt hat. Darüber hinaus: Himmel und Erde werden schwinden, aber meine Worte bleiben in Ewigkeit.

Matthäus 24,32-35; Markus 13,28-31; Lukas 21,29-31

Der Feigenbaum wird selbst zum Gleichnis, und um ihn herum ist der Text ein Gleichnis. Im Unterschied zu anderen Bäumen des Landes verliert der Feigenbaum im Winter sein Laub. Die Knospen des Feigenbaumes kündigen den Sommer an. Das ist der Durchbruch durch den Winter, durch die Kälte, durch den Tod. Kleine Zeichen der großen Fülle. Jesus gibt selbst die Lösung: Mit ihm und durch ihn geschieht Heilung, Predigt, Vergebung, Nähe, Gemeinschaft, Gebet und Überwindung des Bösen, also Frieden und Hoffnung. Wie der Feigenbaum ein altes Symbol für das Gottesvolk ist, so führt der Mann aus Nazareth aus Erstarrung, Kälte und Tod zu neuem Leben und zum Friedensreich in der Welt. Alles liegt bei Gott. Alles ist vergänglich. Aber Gottes Wort lebt ewig.

Ich wünschte, nicht nur die kleinen Leute dieser Welt würden aufmerksam auf diese kühne Hoffnung, sondern genauso die Bosse und Manager, die Drogenhändler und politischen Tauzieher, damit sie aus der Unkultur des Todes und der Gewalt heraus finden zur Kultur der heilenden Gnade.

Das ist wahrlich keine Utopie, sondern ein verantwortlicher Traum. Und wie hat einmal jemand gesagt?: Wo einer träumt, da ist es Illusion, wo zwei träumen, da ist es der erste Schritt zur Wirklichkeit.

Gott kommt überraschend

Wie ein Dieb in der Nacht

Seid wachsam! Gott kommt. Aber ihr kennt den Zeitpunkt nicht.

Das müsst ihr doch einsehen: Wenn ein Familienvater vorher wüsste, um welche Zeit in der Nacht der Einbrecher kommt, dann würde er doch aufpassen und dem Dieb keine Chance geben.

Gott kommt überraschend. Rechnet also immer mit ihm in eurem Leben, denn er kommt in der Christusgestalt genau dann, wenn ihr es nicht für möglich haltet.

Matthäus 24,42-44; Lukas 12,39-40

Oft sprach Jesus über die Wachsamkeit. Das ist zutiefst ein adventliches Thema: Gott kommt. Damit zu rechnen, darauf eingestellt zu sein, darauf vorbereitet zu sein und dafür offen zu sein, ist sein werbendes Anliegen.

Für den Menschen in der Welt sind oft andere Faktoren gefährlich: Müdigkeit, Schläfrigkeit, Ablenkung, nicht aufpassen. Das kann zur tödlichen Gefahr werden, wenn wir etwa an das Auto denken. Hellwach sein; das rettet und bewahrt Leben. Nicht, dass Jesus Gott mit einem Einbrecher vergliche und sein Kommen mit dem nächtlichen Entsetzen. Es geht vielmehr um die Plötzlichkeit, um das Unerwartete. Gott bricht in mein Leben ein. Rechneten Menschen damals mit dem Ende der Zeit, so rechnen wir heute mit ihrem Anfang, wenn Gott ins Leben einbricht und der Morgenstern aufgeht in den Konturen Christi: Liebe, Frieden und Vergebung.

HÖCHSTES LOB
FÜR TREUEN DIENST

Guter und böser Knecht

Nehmen wir an: Ein Hausherr stattet seinen Diener mit der großen Verantwortung aus, für die Ordnung im Hause zu sorgen und auch dafür, dass alle Mitbewohner pünktlich und zuverlässig Essen und Trinken bekommen! Wann kann man von einem verlässlichen und besonnenen Diener sprechen? Genau dann, wenn der Diener alles im Sinne des Hausherrn geregelt hat, der dann alles auch so vorfindet, wenn er überraschend von seiner Reise heimkehrt. Solch ein Diener verdient Lob. Wahrhaftig, ich sage euch: Der Hausherr wird diesem Diener dann noch mehr Vertrauen schenken und ihm die Verantwortung für seinen ganzen Besitz geben. Wenn nun aber ein Diener, der kein Gewissen hat, zu sich selbst sagt: Was soll's, der Hausherr ist sowieso nicht zu Haus und wird auch so bald nicht kommen, also kann ich machen, was mir beliebt: Er staucht die anderen Angestellten zusammen oder schlägt sie gar, er veranstaltet regelrechte Gelage und Besäufnisse. Plötzlich aber steht der Hausherr in der Tür, unerwartet und überraschend. Damit hatte der gewissenlose Diener nicht gerechnet. Der Herr wird sicher den gewissenlosen Diener zusammen mit seinen Saufgenossen schwer bestrafen. Die wissen dann nicht wohin mit sich selbst vor lauter Grimm und ohnmächtiger Wut.

Matthäus 24,45-51; Lukas 12,42-46

Aus Vertrauen entsteht der Auftrag: Aus dem Auftrag ergibt sich die Verantwortung.

Das Gleichnis beschreibt zwei Typen von Dienern: den gewissenhaften und den gewissenlosen.

Der Gewissenlose handelt gegen den Willen des Herrn, wird gewalttätig gegenüber den Angestellten, feiert Saufgelage und verrät den Auftrag.

Im Grunde eine Alltagsgeschichte, die in einer Villa, in einem Betrieb oder in einem Hotel zum Beispiel stattfinden könnte.

Anerkennung auf der einen Seite, vernichtendes Urteil auf der anderen.

Alles Gesagte muss nun im Sinne Jesu auf die Verantwortungsträger in Religion und Welt übertragen werden und auf jeden Menschen in seiner Verantwortung für sein Leben und das der anderen. Da liegt ein ungeheurer Auftrag auf den Schultern der Menschen. Ihn gilt es, treu und genau wahrzunehmen, auch in Abwesenheit Gottes, in Abwesenheit Christi.

Gibt es diesen Glauben heute? Heute noch? Heute wieder? Einen Glauben, der davon ausgeht, dass Gott überraschend da ist und nach meiner Treue fragt? Ist unsere Welt nicht vielmehr geprägt von Menschen, die die scheinbare Abwesenheit Gottes nutzen, um das Haus der Welt durcheinander zu bringen, indem sie sich voll laufen lassen von Macht und Gewalt, indem sie ihre Mitmenschen quälen und Gelage der Ichsucht feiern?

Da ist das Gleichnis plötzlich weit mehr als eine Alltagsgeschichte, es kennzeichnet Lebens- und Weltgeschichte. Glücklicherweise gibt es aber auch jene Menschen, die das Vertrauen spüren, den Auftrag annehmen und in Verantwortung leben.

Ihr wisst nicht, wann es so weit ist

Von den zehn Jungfrauen

Mit der Nähe Gottes und seinem Friedensreich verhält es sich so:

Zehn Brautführerinnen nahmen ihre Öllampen und machten sich auf den Weg, um den Bräutigam zum Haus der Braut zu geleiten. Fünf von ihnen waren naiv und fünf waren sehr besonnen. Die fünf Gedankenlosen hatten zwar Lampen, aber kein Öl. Die Umsichtigen dagegen hatten an das Öl gedacht.

Als nun der Bräutigam auf sich warten ließ, wurden sie alle sehr müde. Ihnen fielen die Augen zu. Gegen Mitternacht hörte man lautes Rufen: Der Bräutigam! Der Bräutigam kommt! Schnell, steht auf, lauft ihm entgegen.

Alle zehn Brautführerinnen sprangen auf und griffen zu ihren Lampen. Da wandten sich die Vergesslichen an die Klugen: Gebt uns etwas von eurem Öl ab, denn unsere Lampen sind verloschen.

Wenn wir das täten, erwiderten die andern, würde es weder für euch noch für uns reichen. Lauft lieber ins Dorf, klopft den Kaufmann heraus und besorgt euch das Öl.

Das taten sie. Während sie nun unterwegs waren, kam der Bräutigam. Die jungen Frauen mit ihren vollen Öllampen begleiteten ihn ins Haus zum Hochzeitsfest. Hinter ihnen schloss man die Tür.

Es dauerte nicht lange, da kamen auch die Säumigen. Sie hatten Öl erstanden, und ihre Lampen brannten. Herr, guter Herr, flehten sie, öffne die Tür.

Er jedoch rief ihnen zu: Ich kenne euch nicht.

Jesus beschloss das Gleichnis: Seid deshalb wachsam! Ihr wisst nicht, wann es so weit ist.

Matthäus 25,1-13

Dass es eine Vollendung aller Zeiten geben könnte, eine Begegnung mit dem Christus Gottes, ein Ziel und die Erfüllung der Zeit, ist dem heutigen Industriemenschen nahezu unbekannt. Bestenfalls schwelt ein dumpfes Gefühl von einem Danach und Was-dann? Die Vorstellung der Zeit als Raum und als Begegnung ist dem Partner der Rechner schwer zugänglich. Der Glaube dagegen öffnet diesen Raum. Für Glaubende damals schien das Ende nahe. Viele lebten sogar in fröhlicher Erwartung. Jesus jedoch geht es nicht um die Länge der Zeit, sondern um das Bewusstsein von Zeit, nicht um die Erstreckung der Welt, sondern um ihre Erfüllung. Darauf macht er seine Zuhörer erst aufmerksam.

Dabei ist das Bild von der Hochzeit stets das Bild für das Fest des Lebens gewesen und auch für die Verbindung zwischen Gott und seinen Menschen. Die zehn Jungfrauen sind das Symbol für die wartende Gemeinde. Das Gleichnis prangert nicht die Schläfrigkeit und schließlich den Schlaf an, sondern den mangelnden Vorrat an Öl, an Glauben, an Hoffnung, an Leuchtkraft. Besonnenheit und Nachlässigkeit stehen sich hier gegenüber. So ist es wohl bis heute geblieben, mitten in den Kirchen, in den Religionen und im Herzen des Einzelnen. „Gegen Mitternacht" heißt es, und Mitternacht ist sowohl der Augenblick, an dem der neue Tag anbricht als auch die Stunde der Wahrheit, der Übergang von Gestern auf Morgen, so plötzlich, dass es in dem Augenblick kein Heute gibt. Dies scheint alles sehr theoretisch. Aber wenn ich mich meditativ auf den Text einlasse, entsteht von allein die Frage: Zu welchen Fünfen möchte ich gehören? Was wird aus meinem Leben? Welche Erfüllung wartet auf mich? Begegne ich Gott?

Die kleinen Geschwister

Schafe und Böcke

Wenn Gott die Zeit vollenden wird, erscheint er in Christusgestalt, zusammen mit allen seinen guten Kräften, den Engeln, und im Glanz seiner Allmacht wird sich die ganze Menschheit verantworten müssen.

Wie es ein guter Hirte tut, so wird er die Schafe von den Böcken trennen, und zwar die Schafe zu seiner Rechten und die Böcke zu seiner Linken.

Dann wird der Herr der Welt sich an die zu seiner Rechten wenden: Kommt in meine Nähe, ihr Segensträger Gottes, tretet das Vermächtnis seines Reiches an, denn es wartet auf euch seit dem Anfang der Welt.

Denn ich hatte Hunger, und ihr gabt mir zu essen.

Ich hatte Durst, und ihr gabt mir zu trinken.

Ich war ein Fremder, und ihr habt mich aufgenommen.

Ich trug nichts auf dem Leibe, und ihr gabt mir Kleidung.

Ich lag krank, und ihr habt mich besucht.

Ich saß im Gefängnis, und ihr seid zu mir gekommen.

Dann werden die Angesprochenen ihn fragen:

Herr, wann ist das alles geschehen?

Wann hattest du Hunger, und wir gaben dir zu essen?

Wann hattest du Durst, und wir gaben dir zu trinken?

Wann warst du ein Fremder, und wir haben dich aufgenommen?

Wann haben wir dir Kleidung gegeben?

Wann warst du krank oder im Gefängnis, und wir haben dich besucht?

Dann wird der Herr des Lebens antworten: Alles, was ihr für solche bedürftigen Menschen getan habt, habt ihr für mich getan, denn sie sind meine armen Geschwister.

Zu denen auf der anderen Seite aber wird er sagen: Geht mir aus den Augen, denn ihr seid weit weg von Gott, so weit wie alle bösen Kräfte, die wir Teufel und Hölle nennen. Ich hatte Hunger, und ihr gabt mir nichts zu essen. Ich hatte Durst, und ihr gabt mir nichts zu trinken. Ich war ein Fremder, und ihr habt mich nicht aufgenommen. Ich hatte nichts anzuziehen, und ihr gabt mir keine Kleidung. Ich war krank und saß im Gefängnis, und ihr habt mich nicht besucht.

Dann werden sie fragen: Herr, wann hattest du Hunger oder Durst, wann warst du ein Fremder oder nackt oder krank oder gefangen, und wir haben uns nicht um dich gekümmert? Glaubt mir, wird er sagen, was ihr an einem von diesen kleinen Menschen versäumt habt, das habt ihr an mir versäumt. Sie werden auf ewig ohne Gott sein. Die Segensträger aber bleiben dicht bei Gott.

Matthäus 25,31-46

Gelebter Glaube ist gelebte Liebe. Ein schlichter Maßstab, aber eine schwere Aufgabe. Worauf kommt es denn am Ende an?

Am Ende? An welchem Ende? Der Zeit? Der Welt? Des Lebens? Spielt das wirklich eine Rolle?

Am Ende heißt immer: vor Gott!

Nicht nur für den Einzelnen, sondern für die Menschheit. Wenn Bilanz gezogen wird über Soll und Haben, über Schein und Sein, über Leere und Fülle. Seit Anfang der Zeit wartet Gottes Gnade auf Menschen, die die Liebe erfüllen. Seine Gnade ist nicht das Ergebnis menschlichen Ehrgeizes, sondern sein Geschenk für die Treuen, die für die Bedürftigen da waren: für Hungernde, Dürstende, Fremde, Nackte, Kranke und Gefangene. Wollen wir die Liste verlängern: für die Frustrierten, für die Geängstigten, für Einsame und Gequälte, für die Opfer der modernen Gesellschaft. Die Liste geht ins Unendliche. Doch in dem Gleichnis geht es nicht um die Aufzählung oder Staffelung, sondern um die Erkenntnis, dass Jesus der Heiland der Armen und Kleinen ist. Sie nennt er seine Geschwister. Was aus Liebe zu solchen Menschen geschieht, geschieht für ihn.

Und die andern? Jene, die nicht so !ebten? Sie klagt er nicht wegen Bösartigkeit und Gemeinheit an, nicht wegen ihrer Fehler oder Sünden, sondern wegen unterlassener Liebe. Er misst sie an dem, was sie nicht getan haben.

Am Ende leuchtet das Gleichnis auf, wenn die Segensträger in die Nähe Gottes gerückt werden, menschlich gesprochen: auf Tuchfühlung, bescheidener gesagt: in seine Hand.

Heilung der Seele

Das Abendmahl

Und er wandte sich ihnen zu: „Von ganzem Herzen lag mir daran, mit euch das Passah-Fest zu feiern, bevor ich den Weg der Leiden gehe. Ich sage euch, meine Freunde, ich werde nun nichts mehr zu mir nehmen, bis alles vollendet ist in Gottes Reich."

So geschah es in der Nacht, als Jesus verraten wurde. Er nahm das Brot, sprach ein Dankgebet, teilte das Brot und sagte: „Nehmt es, esst; denn das bin ich, wie ich mich für euch hingebe. Tut das, und ihr werdet mich stets im Gedächtnis behalten."

Danach nahm er den Kelch, sprach den Segen, gab ihn in den Kreis seiner Freunde, und alle tranken daraus, während er sagte: „Dieser Kelch ist mein Vermächtnis, besiegelt durch meinen Tod. Jetzt und künftig, immer wenn ihr dieses Mahl feiert, bin ich gegenwärtig und euch ganz nahe; denn damit ist die Vergebung der Schuld und die Heilung der Seele verbunden." *Matthäus 26,26-29; Markus 14,22-25; Lukas 22,15-20; 1. Korinther 11,23-25*

Ist es ein zu großes Wagnis, das Abendmahl als Gleichnisrede und Gleichnishandlung zu deuten?

Vor Antritt seines letzten Weges feiert Jesus mit seinen Freunden das Abendmahl. Da sitzen sie beieinander: der Leise und der Laute, der Eiferer und der Rebell, der Stauner und der Verräter, einfache Leute mit großem Herzen und großer Hoffnung. Der Mann aus Nazareth war zum Inbegriff ihrer Sehnsucht geworden: Sehnsucht nach Freiheit, nach Gerechtigkeit, nach Heil und Gnade, nach Vergebung und Würde.

Jetzt fasst er alles zusammen und deutet sich selbst mit dem Abendmahl. Er offenbart in Rede und Handlung seine Identität, sein Wesen, sein Wort und sein Werk.

Kirchen und Christen sprechen vom Sakrament und verbinden damit zumeist Tabus. Wahrheitsansprüche, Formeldiskussionen, Magie oder Symbolik. Können wir diese dogmatischen Entwicklungen und Vorbehalte einmal beiseite stellen?

Dann sehen wir ihn, Jesus, den Christus, in seinem Gehorsam vor Gott, in seiner liebevollen Zuwendung zu seinen Freunden, in seiner Frömmigkeit, wie er dankt und betet und in der Tischgemeinschaft, wie er sie immer wieder gepredigt hatte. Das ist in sich eine Gleichnishandlung, in deren Folge das Abendmahl in allen Kirchen seinen Sinn erhält als Gemeinschaft mit ihm und untereinander.

Solange sich Christen aber aus der Tischgemeinschaft gegenseitig aussperren, verweigern sie das Erbe Christi.

Dann aber erleben wir ihn auch in seinen Worten über Brot und Kelch. Wie das Brot, so ist er, in Hingabe und Teilen, in Teilhabe und Teilgabe, verbindend und stärkend. Nicht das Brot ist die Sache selbst, das Brot ist die Deutung und Vermittlung. Das Brot ist Erkenntnisträger. Da bedarf es keiner heiligen Wandlung, sondern einer heiligen Handlung. So wird dann auch der Kelch zum Gleichnis. Nicht auf Wein oder Saft oder Wasser kommt es an, sondern auf den Kelch als Inbegriff von Schicksal, als Gefäß des Erbes. Am Kelch deutet er wiederum sich selbst und macht seine Freunde zu Mitwissern, Teilhabern und Gefährten seines Lebens, seines Leidens, seines Todes und seiner Auferstehung.

Jetzt können wir den Begriff Sakrament neu entdecken: als wunderbares Fest der Freiheit am Tisch Christi, und seine Gegenwart erfüllt sich im Geschenk der Vergebung.

Der Autor

Peter Spangenberg, geboren 1934, ist Pastor, war lange Jahre in der Großstadt und auf dem Dorf tätig und widmet sich im Ruhestand weiter der Mitarbeit als Dozent an der Universität Flensburg im Bereich der Evangelischen Religions-Pädagogik. Er lebt in Achtrup/Nordfriesland. Neu ist für ihn die ehrenamtliche Aufgabe als Ombudsmann für Kinder im Kirchenkreis Südtondern. Er ist Autor und Herausgeber von über 40 Publikationen: Neben Themen zum Glauben und zur Theologie finden sich Meditationen, Erzählungen, Märchen, Fabeln, Laienspiele, Lyrik, Lieder, ein Kriminalroman und eine Kinderbibel.